陪孩子成长系列丛书

Too Old for This, Too Young for That!: Your Survival Guide for the Middle School Years

轻松应对青春期

[美] 哈丽雅特·S·莫萨特恰（Harriet S. Mosatche）
卡伦·昂格尔（Karen Unger） 著
王琼常 译
胡庆芳 校

中国人民大学出版社
·北京·

总　序

曾经在网上读到一对父母写给孩子的一封信，字里行间饱含对孩子无限的关爱与期盼，这让人能够真切感受到父母之爱的伟大与深厚。现在与各位一起分享这封信：

亲爱的孩子，真的好感谢上苍把你带进我们的生活，有你的日子总是充满了欢乐和希望！随着你慢慢懂事和逐渐融入社会，作为过来人，我们总是好像有许多的感悟和体会要讲给你听，以避免你再去经历我们曾经走过的弯路。可每次面对面讲述的时候又总觉得意犹未尽，于是提起笔把这些零零碎碎的人生心得写下来等你慢慢品味和体悟。

1. 爱自己。孩子，在这个世界上爱自己是第一重要的事，爱自己是你一生幸福的基石。爱自己就是在内心深处完全地接受自己，既接受自己的长处和拥有，也接受自己的短处和缺少。完全接受自己的人，不刻意地张扬和炫耀自己的长处，也不刻意地遮掩和庇护自己的短处；既不妒忌别人的拥有，也不为自己的缺少而悲怨。

每个人都非常需要被他人接受和重视。一个完全接受自己的人，也容易接受和重视他人。人不接受他人，主要是因为他人有这样或那样的短处。人能接受自己有这样或那样的短处，也就容得下他人的各种不足。当你接受和重视别人时，你也就被别人接受和重视。当你完全接受自己时，你也能够接受世界是不够完美的、人间不总是温暖的、人生的路不总是平坦的。

人的一生是一个不断接受自己与不断完善自己的过程。只有完全地接受了自己，你才能够不断地完善和提高自己。完全接受自己的人心中踏实、有信心，知道自己有价值，懂得珍重自己、爱惜自己和保护自己，也能做到体谅别人、关心别人和宽恕别人。完全接受自己，你就好像给自己编织了一件万能的衣裳，穿上它，在你人生的历程中不论遇到什么样的狂风暴雨、酷暑严寒，它都能为你挡风遮雨、避暑御寒。

写首诗送你吧：我喜欢我，一个不完美的我。由于不完美，那才是我。完美的我不是我，那只是一个雕塑。

2. 负责任。孩子，要做一个负责任的人，不论发生了什么事，只要与你有关，你就要勇敢地承担你那部分责任，不要找借口去推卸。只要担起你那部分责任，你就不会怨天怨地，你就会正确对待一切发生的事。承担了你的责任，你就掌握了事态的主动权，你就能够更好地解决你所遇到的困难和问题。承担了你那部分责任，你就能从坎坷中吸取教训、积累经验。将来，你就能够担得起生命中更大的责任。一个勇于承担责任的人，也是一个守信用的人、一个诚实的人、一个有自尊的人和一个公正的人。

3. 好身体。孩子，身体是人生的本钱。有个好身体，你才能更好地经历和享受人生。有个好身体不是一朝一夕的事，是不断努力的结果。你的健康受三个方面因素的影响：饮食的营养、身体的锻炼和心理的健康。

在饮食上不要偏食，多吃蔬菜和水果；在锻炼身体方面，你最好作个长久的计划，坚持长年的身体锻炼。保持心理健康也是个不断学习和努力的结果。心理若不健康会直接影响身体的健康。不要让负面的、消极的和低级的信息进入你的大脑，那会污染你的心灵，降低你的心理健康水平。悲观和消极的信息会使人情绪变坏。坏情绪会使人的免疫力下降，人就容易生病。如果头脑中肮脏的信息进多了，人也容易染上不良的习惯和嗜好。不良的习惯和嗜好会极大地损坏人的身体健康。一旦不小心，头脑中进来了一些不好的信息，你要及时地把它们清扫掉。

4. 恋爱。孩子，在找恋人的事情上，我们不想你有任何条条框框，我们只想提出一些我们的看法供你参考。人与人之间差异很大，每个人都有自己的价值观——简单来说，就是人内心深处最看重的东西或者是最想得到的东西。有的人就想得到钱，只要能有钱，不管用什么手段都行；有的人就想出名，只要能出名，干什么都行。人的性格也各不相同。有人好静，有人好动。由于每个人都生长在不同的家庭中，每个人都受各自家庭背景的影响，所以，每个人的思维方式和行为习惯都不一样。在温馨家庭中长大的孩子爱多善也多；在暴力家庭中育出的孩子仇大恨也深。男人与女人除了生理上有不同外，在情感调控和理性思维方面也不一样。一般来说，男人比较趋向理性，女人比较趋向感性。

人与人之间的这些不同是矛盾的发源地。不同越多，矛盾越多；不同越大，矛盾越大。矛盾是造成爱情不美满的主要因素。为了有一份和谐美满的爱情，男女之间的不同越少、越小就越好。找一个性格相投、人生价值观相同、文化程度相近、家庭背景相似的人，彼此走进对方的心灵，你的爱情路上就会少坎坷、多幸福。

5. 找工作。孩子，在选择工作时，首先要考虑的是兴趣而不是金钱。找一份你愿意干的工作，你才能干好它。只为了钱而工作，你会常常敷衍你的工作。这样的话，你什么也干不好，也就不会做出令人满意的成绩，你的工作也得不到乐趣。如果找一份你喜欢的工作，你就会调动你的才智把它干好，你也就获得了一份成功的喜悦和满足。

孩子，我们会尽我们最大的智力、体力和精力去呵护和培养你。我们不但希望你有一个美好快乐的童年，还希望你有愉快幸福的一生。我们是平常人，我们的能力和智慧是有限的。在我们关照和教育你的过程中，肯定犯了不少的错误。我们有脾气，有时还很固执、很死板。我们肯定有很多照顾不到你的地方。我们有时也会坚持我们认为是正确的事情，也许在感情上伤到了你，我们请你原谅。只要你觉得在感情上我们有伤到你的地方，那一定是我们做错的地方，我们向你道歉。

孩子，我们万分地感谢你降生到我们家。我们一生中最大的幸运和幸福就是有了你。你丰富了我们人生旅程中的风景和感受，你使我们明白来世上这一回太值了。你给我们的远远超过我们所能给你的很多很多倍，我们会每天从心底里感谢你。

永远爱你、支持你的人：你的爸爸妈妈

掩卷深思，心中的共鸣与感慨良多。

孩子是父母最宠爱的宝贝。孩子的第一声啼哭或许是初为人父母听到的最让人兴奋、最让人激动，也最让人爱怜的天籁之音。孩子咿呀学语地第一次叫出“妈妈”、“爸爸”会让每一对父母顿时感受到无限的亲情与柔情。孩子第一次完整地表达出自己的想法与意思，会让爸爸妈妈们对从此可以直接洞察孩子的心灵感到无限的欣喜与期待。孩子第一次以充满感恩的心给爸爸妈妈倒上一杯水或用小手捶捶父母正酸痛着的肩背，会让每一位父母从心底生起幸福与安慰……孩子在成长过程中带给父母的许许多多的第一次，会串联成一组平淡而欢快的生活乐章！

孩子也是父母一生的牵挂。当孩子还在妈妈腹中生长发育时，父母就开始牵挂孩子的健康；当看到孩子出生头发还不是很密，家长就开始牵挂孩子长大一点，头发会不会长得浓密一些；当看到孩子一岁了牙齿还没有长全，家长就开始牵挂孩子是不是营养不良；当察觉到孩子很胆小而不敢和陌生的小朋友一起玩儿时，家长又会担心这会不会影响孩子的社会交往；当孩子慢慢长大，家长又开始下决心不能让孩子的教育输在起跑线；当孩子从幼儿园到读到大学，家长又开始牵挂他们将来的工作是不是理想；当孩子开始自食其力走上工作岗位，家长便开始牵挂他们的恋爱与婚姻；当昔日的孩子也为人父母时，家长则又开始牵挂起他们孩子的新一轮循环……父母真的好伟大，父母真的很辛苦！

孩子对于我们来说是如此重要，那么如何能教育好孩子呢？除了在生活中更多地关爱孩子外，最重要的是要同孩子一起成长。而这套“陪孩子成长系列丛书”，就是为孩子家长、学校教师以及关心孩子的教育人士专门打造的一套教育宝典。从中您可以汲取育儿的智慧、体验优质教育带来的显著成效，还可以体悟如何做一位好家长或好老师。

在此，我们衷心感谢中国人民大学出版社的王雪颖老师以职业的眼光和市场的敏锐跟我们预约了这样一个非常有意义的翻译合作项目！同时还要衷心感谢各位译者在繁忙的教学科研之余，保持高度的合作热情，远离浮躁与功利，安心于书斋，孜孜不倦于教育智慧的传递！

最后，真诚地希望“陪孩子成长系列丛书”让各位读者开卷有益。

胡庆芳　程可拉

2014 年 10 月

前言

你是否注意到：一进入中学，你的生活就变得越来越复杂？有时你会感到困惑担心，时而又觉得惊喜激动，甚至像坐在巨大的过山车里那样，弄不清何时冲上来，也不知道何时冲下去，只知道没有回头路。

欢迎跨进中学时代！这一时期的生活就像坐过山车那样起伏不定，翻转突然；虽然所有学生都清楚在这过山车上不只他一人，但还是有些学生怀疑自己能否坚持下去。

中学与小学为何有如此之大的差别？实际上进入中学一切都变了：中学生不但要遇到更多的老师、学科、家庭作业和考试，他们还有自己的年级辅导课、自己的更衣室/衣物柜，还要参加更多的课后社团活动和处理其他新的事情；同学和朋友的着装、行为已不同往日，有的外貌都发生了很大变化；一起讨论的话题也大不相同，大家关注的是谁最酷、谁最可爱和谁最受欢迎。

家里的生活也发生了一些变化：父母突然提出更多的规定并要求你承担额外的家务，为此你可能会感觉自己已经成年了却依然被当成小孩看待，甚至父母还经常告诫你要表现得成熟点。当然你已不再是小孩，但也还不是成年人。你刚好处在小孩与成年人之间的阶段，这一时期你有时要面对很多挑战。

学生语录

中学的第一天，我连洗手间都找不着，更不用说我的教室和更衣室/衣物柜。但一两天后我就适应过来了。

——Tim，14

踏进中学我太高兴了。一切都令人激动。我享有更多的自由和娱乐。

——Christina，11

进入中学，校园变了，朋友变了，连我自己也变了，这年我长高了几英寸。

——Carlos，13

处在10～14岁的中学时期，你会发现从内心到外貌都发生了巨大变化。你会意识到自己的思维、感觉、行为，甚至外貌都与过去完全不同。中学时代，你可能会发生的变化有：

- 每年长高 2～5 英寸，体重增加 5～15 磅（这一切都很正常，但有人觉得不可思议）
- 比其他小孩发育快或慢（这也常见）
- 脸上布满青春痘，以前没有毛发的地方开始长毛，还会发生其他生理变化，有时令人尴尬
- 对青春期的到来，既激动又害怕
- 过于担心是否受欢迎并交上大批朋友，担心能否交上男朋友或女朋友
- 在学校感到枯燥、迷茫、困惑和受挫
- 感到世界上没人能够理解你

一下子发生这么多的变化，哪个学生都会感到有点压抑。

虽然在中学的日子里很多事情难以预测，但还是不乏许多令人激动难忘的活动和挑战的机会。你完全可以把握好这段时期：

- 挖掘你的天赋
- 提高体育和其他活动的技能
- 学会理解和处理自己的情感问题
- 建立牢固的友谊
- 与家庭成员改善关系
- 设定目标并找到实现目标的方法
- 为将来绘制蓝图

中学的时光有些苦涩，因为你要弄明白你自己是个什么样的人，想当什么样的人。（注意，如果一时还没有完全弄明白也不要担心，这是一辈子的事情。）通常你会因为自己的观点显得与众不同，你开始寻找新的方式表现自己：积极参加课外活动，认真完成家庭作业，注意衣着打扮，努力培养业余爱好。这一时期，你可以

决定如何花自己的钱，同朋友去哪些地方，选择哪些活动。你参与的活动和表现的机会越来越多，这就是中学时光里快乐难忘的部分。

在中学期间，同朋友出去闲逛是非常必要的。我会有好朋友。

——Sophia，12

中学时代确实是人生中非常关键的时期，并且有时过得相当艰难。我们撰写这本书的目的在于帮助你们更好地应对中学时代的挑战，使通常被认为最灰暗的时期尽可能变成最美好的回忆。全书共提供七个应对挑战的秘笈，涉及生活的各个层面：家庭关系、朋友往来、情绪波动、身体变化、校园环境和机遇抉择等。本书的信息基本能回答你在中学成长过程中所遇到的问题。你可以从书中读到其他中学生的真实独白、培养兴趣的测试、艰难时刻的建议和有利于调整生活的娱乐活动。

你们可能怀疑，这两个大人怎么会了解我们中学里的事情呢。我俩知道得太多了，因为我们像你们一样从中学走过来，当时的一切如今依然记忆犹新：我们了解有时已经明确知道答案，却因为害羞而在课堂上不敢举手作答时的心情；我们理解父母没有按照要求在车上等待而跑到学校接你时产生的那种尴尬；我们明白当你最不想戴眼镜或胸罩而不得不戴上时的感受；我们同样经历过暗恋某个同学，然而人家还不知道你的存在。

我们俩的使命就是帮助你们克服成长过程中所遇到的困难。多年来，不断地有中学生与我们分享他们的经历、情感、问题、错误、成功和梦想。本书聚集了我们一生的教学积累，希望能为你们应对中学挑战指明方向。

一位 13 岁的孩子曾说过，“中学的生活非常有趣，因为我们拥有‘比以往更多的自由、权利和责任’”。我们完全赞同他的观点，中学的时光非常棒，因为在这过山车上有太多的东西值得我们欣赏，还有更多的值得我们期待。

目 录

第一章

适应身体的变化

由于青春期的到来，在中学时期我们的身体会在很多方面发生变化，这或许会让处在青春期的你感到既激动又迷茫。其实，在你还未注意到身体外在的变化之前，体内已开始发生变化了：大脑和一些腺体开始释放大量的荷尔蒙（强有力的化学物质）流进血液，这些荷尔蒙对身体的发育起着重要的作用。

青春期既不是单一的变化，也不是瞬间的变化，它是持续几年的变化过程。因此适应身体变化就是第一秘笈，它能帮你成功度过青春期。

第一节　感受从内心到外形的变化

进入青春期，人的体格开始快速生长。回顾人体生长的过程，大脑和身体在一岁时生长最快，其次就是在青春期。这一时期不但食欲大增，而且所需睡眠时间更长，因为身体骨骼生长变化的过程中需要更多的营养和休息。

你会发现原来夹克衫的衣袖很长，可现在刚好到你的手腕上方；过去穿的牛仔裤的裤脚长得要卷起来，可现在只到你的踝关节上。似乎整个衣柜里的衣服一下子全部变小了，这说明你已踏入人们常说的青春快速生长期了：你的脚有可能长得最快，一个月要换大一码的鞋子；你的手指也忽然长得可以自如地抓起篮球。中学时代总会充满着这样的惊喜意外。

什么时候身体开始发育变化是难以预测的：有的可能比自己同伴的发育提前和推迟，有的发育时身体成长快速，有的却较为缓慢。这些都不必担心，青春期每个孩子身体成长的速度完全依照个人肌体的内部节奏展开。

学生语录

声音开始变得沙哑时，我讨厌那些孩子嘲笑我。

——Alex，11

双腿开始长毛，我真感到难为情。

——Sarah，12

健身房的墙壁太薄，我们女生都能听到他们的谈话，他们通常比较各自阴茎的大小；有些女生也比较乳房的大小。

——Amelia，12

非常高兴我开始长高了，过去我是班里最矮的。

——Latrell，13

男孩的变化

男孩的青春发育期一般从 10 岁到 15 岁。身体快速生长通常是青春期的第一迹象，同时小伙子会发现自己的声音逐渐变得低沉。大部分男孩都喜欢自己声音的变化，因为乍一听起来更有男子气概。声音的变化和青春期身体其他方面的变化一样，不是一次性突然完成的，相反，清脆的童音要经历嘶哑的逐渐变音的过程。

青春期男孩的身体变化还包括：

- 腋毛和胡子出现
- 体毛增多
- 阴茎变长和变粗
- 睾丸变大
- 阴毛长出（逐渐变黑变卷曲）
- 勃起的频率增多（指阴茎充血和变硬）
- 第一次射精（精液流出，精液里包含精子）

- 夜晚遗精（或梦遗），指在睡梦中射精

要完全适应身体的各个变化真不容易，但一想到我就要成为男子汉，这感觉真不错。

——Chen，13

所有这些变化都是正常的，且逐渐地发生。不同的男孩变化的速度和节奏不一样。小伙子如果担心自己身体的变化（或者变化的节奏），可以向父母或信得过的长者请教，得到经历了与自己相似状况的人的指点，心里会踏实很多。

查阅

《男孩成长的秘密》（*The Guy Book：An Owner's Manual*）

专门为青少年写的，应对青春期及其他情感方面的策略集锦。

《写给青春期的男孩》（*The What's Happening to My Body? Books for Boys*）

本书对青春期身体变化、性别、毛发体味和其他方面的话题提供丰富的知识。

女孩的变化

女孩子一般从 8 岁开始进入青春期，比男孩早一两年，到 15 岁身体发育成熟。女孩青春期的发育首先从乳房开始，乳头下的肌肉慢慢胀大。有时一边乳房发育得比另一边快，这也不值得大惊小怪；一般两边乳房发育后的形状是对称的，但并不是百分之百一模一样。

很多女孩中学就开始穿戴胸罩。女孩第一次买胸罩可能有点紧张，但只要和母亲、姐姐或堂姐等交流过后，这些紧张的状况会马上消失，且经验丰富的销售员能帮你选择大小合适的胸罩。

女孩乳房开始发育之后，身体快速长高，臀部、大腿的肌肉变得丰满，身材的曲线日益明显。然而，有些女孩把这一时期身体各个部位的肌肉增多看成肥胖，那是不正确的，因为此时肌肉的增多是身体发育的正常变化。

青春期女孩的身体变化还包括：

- 腋毛的出现
- 手臂和大腿的体毛增多并变粗
- 阴毛长出（逐渐变黑变卷曲）
- 阴道的排泄物开始增多

青春期女孩经历的最大变化就是月经初潮，这是经期的开始。正常情况下，女孩的乳房开始发育一年半到两年之后，月经才出现。

月经期间，身体的一个卵巢（共有两个卵巢）会排出一个卵子，卵子经过输卵管（共有两条输卵管）排到子宫，这一期间子宫内膜变厚并产生额外血液组织为卵子提供必要的养分。当卵子不需要养分后，充血的组织就从子宫内膜脱落并经过阴道排出。

很多女生都担心上课期间经血会喷涌出来，全部同学都会看到。其实，第一次月经的量特别少，只有几点褐色的或红色的血滴流出。初期，女生的月经并不像成年妇女那样正常，每月一次；经过一段时间之后才逐渐形成每月一次的规律，并持续3～7天。第一天的血量最大，然后逐天减少。女生可以用棉塞或卫生巾吸收经血。

我已来月经，对此感觉压力很大，总担心其他人都知道此事。我想这就是长大的过程。

——Carly，12

月经期间，女生一样可以进行正常的活动，例如：上学、体育锻炼、洗头和洗澡等等。有些女生在经期前后会觉得疲惫或烦躁，这很正常；有些甚至出现肚子绞痛，这是因为子宫肌肉收缩而导致的症状，稍做一些简单活动或休息一会儿即可缓解；如果绞痛严重，医生也会建议吃点解痛的药。

第一次出现月经，女生通常会展现出较为复杂的情绪，如恐惧、快乐、困惑、自豪、担心等等，有的甚至有点伤感，因为这标志着她要永远告别童年时代。这段时期，女生若能经常同母亲、老师或学校医护人员交流问题和分享情感，对自己的健康成长有很大帮助，阅读有关青春期的书籍和浏览相关的网站也会有很好的效果。

查阅

《对你的关怀与保护：女生手册》（*The Care and Keeping of You*：*The Body Book for Girls*）

本书提供身体变化的相关知识及女生青春期的期待。

《写给青春期的女孩》（*The What's Happening to My Body? Books for Girls*）

本书总结女生青春期的身体变化、行为情感、性别认知及其他方面的常识。

第二节　接纳、了解这些变化

无论男孩还是女孩，也无论你居住在哪里，你和其他同龄人一

样面临相同的问题：身体变化。你稍微留意一下同年级的其他同学，就会发现有些女生已经比一些男生长得还要高，而另一些女生还是那样矮小；有些女生已经出现月经或开始穿戴胸罩，而有些女生的胸脯依然扁平；有的男生已经长胡子，而有些男生的脸上一点胡茬都没有；有的同学的声音已经变得低沉，而其他同学的童音依旧未变。你们要明白最重要的一点是：每个人身体的变化都是按照自身体内的节奏进行的。

无论你是谁，也无论你在哪个年龄段，你对身体的变化都会感到奇怪。如果你能用记日记、记笔记的方式，或者用电脑记录自己的变化和对这些变化的感受，对你的成长也会有帮助。记录时要注明具体的日期，身上出现什么变化，哪些变化你接受，哪些变化你不喜欢等等。此外，你也可以记录一些当时想到的东西：当时的感觉如何，在学校当天发生了什么特别的事情，你喜欢什么和不喜欢什么变化，你有什么样的梦想和什么样的目标。

当然，即使记录下你经历的各种变化和感受，对变化本身你还是有疑问的，例如：我的身体发育是否正常？如果真有疑虑，可以找父母或者你信得过的长者交流一下。

查阅

www. teenshealth. org

该网站提供有关身体变化、性别认知及青春期其他方面的信息和知识。

www. pamf. org/teen

该网站由医生、教育家和青少年创办，讨论有关青春期及其他重要健康问题。

第三节　为身体提供所需营养

从中学开始，你有更多的机会自己选择吃什么样的东西：早餐你可能自己带，午餐在学校吃，晚上回到家自己弄个快餐应付，有的夜晚还搞点消夜等等。一般来说，中学生的零用钱都比以往多一点，而到大超市或外出其他地方购买食物的机会也会增多，所以，你选择吃什么样的东西和如何对待自己的身体完全取决于你自己。

中学时期每个学生都长得很快，谁都不会对额外增加的营养感到意外。例如，你会比儿童时期需要更多的蛋白质，因为蛋白质能提供更多的能量和保持身体肌肉组织的健康，所以这一阶段需要从牛肉、猪肉、鱼类、牛奶和干果等食物中获取更多的蛋白质。

钙能帮助人的骨架生长，人一旦进入成长发育时期，就需要比正常的成年人还多的钙和相关的矿物质。因此，为了满足每天对钙的需求量的增加，多喝牛奶和多吃奶制品是至关重要的。当然，你也需要多吃其他含有丰富的矿物质的食品，如西兰花、杏仁和钙量丰富的橙汁等。

铁是另一必需的矿物质。女生进入青春发育期后对矿物质铁的需要会增加50%，因为每次月经期间都流失大量含有铁成分的矿物质。男孩子也需要增加铁矿物质，因为中学发育时期他们血液容量和肌体组织都在生长壮大。牛肉、花生酱、杏仁和深绿色叶子的蔬菜都含有丰富的矿物质铁。

进入青春发育期，青少年还额外需要另一重要的营养元素锌。锌和蛋白质可以帮助少年长得更加高大和健壮。鸡肉、瘦肉、乳制品和谷类食品都含有丰富的矿物质锌。

中学发育期间，如果还没有吃饭的时候你经常感到饥饿和疲惫，不要大惊小怪，这是你的身体用它的方式提醒你要给它补充成长所需要的养分了。因为你的身体正在成长变化，最好每天都吃一些不同的健康食物，如足够的水果、蔬菜和谷类食品。

尝试　**找到适合你的食物**

你是否有兴趣了解更多有助于健康成长的食物结构？食物结构“金字塔”（www.mypyramid.gov）可以帮你选择合适食物以确保身体发育成长。“金字塔”能帮助你确定以下六种食物每天的需要量：1）谷类食物；2）蔬菜；3）水果；4）乳制品；5）肉类和大豆；6）食油。记住要摄取低量脂肪，因为只需要少量的脂肪即可保持健康的身体。

食物结构“金字塔”对每一类食物都

有系列搭配，每天你所需要摄取的量根据多种因素确定，其中包括：年龄、体重、高矮、性别和活动的强度等。活动量越大，所需要的食物分量也越多。如果你还需要更多信息以确定自己每天的食物搭配，可以找医生或学校护士进一步了解。

当然我们不可能计算你所吃的每一口食物，但遵循食物“金字塔”所建议的摄取量，会使你良好的营养之道变得非常简单。

饮食风险

青春发育期间，很多学生都非常关注自己的体重。因为发育时期身体在不断成长，体格几乎每天都在变化，体重增加是发育过程中的正常环节。这一时期你最好不要为自己的体重和体型所困扰，也不要拿自己的体重和体型与其他同学的进行比较，因为每一个人的肌体都有差别。适合别人体型的未必适合你。如果你对自己的体重还感到忧虑，应当找父母、医生或学校护士交流，以进一步排忧解困。

有些学生成长过程中出现的问题始于饮食。你应该听说过或阅读过有关饮食错乱的事例，这对男女孩子的健康都影响很大。有三种主要的饮食错乱类型：厌食、易饿病、强迫性暴食。

厌食通常是因为要保持消瘦的身材而有意挨饿或者由于过度锻炼消耗太多能量所导致的症状。有厌食症的人经常对着镜子查看，想象着自身并不存在的脂肪而为之叹气。对有厌食症的学生，必须及时进行治疗，不然就会导致严重的健康问题，甚至会饿死。

易饿病的主要症状是暴吃和暴泻，即一次吃过量的食物直至反胃呕吐或之后产生腹泻。厌食者一般每次都吃得很少，而易饿症者却都能吃正常的食量，因为他知道所吃的都会被排出来。正如厌食症一样，易饿症者也会引起严重的健康问题，并且易饿症者的体重基本正常，非常容易隐藏病症，这会对身体健康造成终生的威胁，及时医治更为重要。

强迫性暴食就像易饿病症的暴吃那样，然而，这类暴食者在众人面前只吃正常分量的食物，一旦独处，就会放开暴吃。强迫性暴食的结果自然导致肥胖，这意味着体重过度超标。在中学时期，身体超重的学生往往受到嘲笑或遭到其他同学的冷落，这容易引发情感上的孤独，然后进一步以食物安慰自己，逐步变得越来越肥胖。肥胖容易诱发第二型的糖尿病，因此更应及早想办法矫正。

建议

控制体重

并不是所有要控制体重的学生都有强制性暴食或食物错乱的状况，大部分身体肥胖是由于不健康的食物选择，某些食物的分量过多和缺少体育锻炼而逐渐形成的。如果你担心自己的体重（父母也对此有关注），最好找专业营养师交流，他能帮你选择最适合你健康发展的食品类别和活动方式。

这三种饮食错乱者都有一个共同点：隐蔽性。饮食有问题的学生往往想方设法避开坐在餐厅对着众人吃东西，用餐之后经常溜进浴室，把食物藏在壁橱和其他地方，或者着迷某种类型的运动，如摔跤、体操或芭蕾。如果你怀疑朋友之中有饮食错乱的人，应该把情况告诉给你信得过的长辈；如果你发觉自己的饮食有问题，应马上寻求帮助，虽然这类事情告诉他人一开始时会感到不自在，但只要你能跨出这一步，问题就容易解决了。

查阅

饮食错乱协会

www. nationaleatingdisorders. org

联系本组织了解相关饮食错乱现象及治疗方法和其他帮助。

无个性特征的暴食者

www. oa. org

本网站专门为那些暴食者提供帮助和治疗的方法。

充足睡眠

吃好，让身体发育得到足够的营养非常重要，但这还不够；要身体健康发展，除此之外，还要足够的休息——睡眠。睡眠是人生的重要部分——人生的 1/3 时间都是在睡眠之中度过的。

人一入睡，大脑和身体都得到信息，这才能恢复白天所需要的能量。大多数人每天晚上只需要八个小时的睡眠时间，但青少年每天需要更长的睡眠时间，因为睡觉的时候，脑下垂体（在大脑的部位）释放出大量的成长激素——这也是人生中成长激素释放量最大的时期，所以需要更长的休息时间。有些学生下午放学之后甚至要小睡一会儿才能恢复体力以完成晚上的家庭作业。

睡眠充足，第二天才能充满活力，精力更加充沛，精神更加集中。专家曾经指出，一旦学生睡眠不足，就像一些人吃饱了撑着那样无精打采，所以我们更有理由要保证中学生得到足够的休息和睡眠。

每周上课期间，我要早上 7 点起床，我多么希望学校迟点才上课。有时我感觉在课堂里游荡，时不时就睡着了，上课时睡觉的不止我一个。

——Kevin，13

身体运动

青少年要健康成长，除了合理的饮食、充足的睡眠，还要有适度的体育锻炼。体育活动不仅能促进心脏、肺、肌肉、骨骼和身体其他主要部位乃至皮肤和头发的健康成长，而且能使人容貌青春、精神焕发、思维敏捷。

体育活动是保持健康体魄的重要方式，但健美并非意味着一定要让身材达到“完美”的程度，所以放学之后既要锻炼身体也要参与其他娱乐活动。

健美的含义有以下几个方面：

- 你既有充沛的精力迎接一天的学习挑战，又有足够的体力参加体育活动。
- 心脏、肺、骨骼和肌肉都健康。

- 身体既结实又灵活。
- 身体脂肪的比例含量低，体重在正常的范围。
- 自我感觉良好，且对生活充满美好的期待。

如果你希望拥有健美的身材，就要坚持经常运动，且最好自己培养一种运动爱好，如跳舞、空手道、骑自行车、滑板溜冰或其他健身活动；到户外徒步、遛遛狗和游泳也是不错的选择。当然也可以进行一些室内活动，如观看电视和影碟节目、阅读书刊甚至玩玩电脑都可以，就是不能几个小时坐着一动不动。

不争的事实

你是否知道运动也能增强大脑的能力？研究表明，平时积极参加体育活动的学生考试成绩也很好；不仅如此，活动还能改善人的情绪，因为活动时大脑会释放出脑内啡和其他化学成分的物质，这有助于保持愉快的心情。

第四节　保持身体清洁

学生进入青春期后，其汗腺开始比以往活跃。过去你可能打完一场篮球比赛都没有出汗，但现在情况不同了，运动时容易出汗。人们不仅仅关注你的投篮，也开始注意你身体的汗味。身体气味的变化就意味着你已踏入青春发育期。荷尔蒙对汗味的变化产生很大的作用，因为它影响你腋下的汗腺，出汗时会释放出非常难闻的气味。

好像有成千上万的护肤化妆品，很难知道哪一种才适合。

——Jing，10

清除身体气味的最佳方法就是保持身体洁净，坚持每天洗头和洗澡，在外面活动回来后也冲洗一下。平时也可以使用除臭剂或止汗剂，这两者都能掩盖你身体的汗味，而止汗剂还会让你减少出汗。这类身体化妆品效果都很好，万一哪天上学迟到而忘记涂抹，这也没关系，因为你还可以补救：借用你的同桌或其他同学的应急一次，他们会有很多不同类别的保洁品，如喷洒式的除臭剂、古龙香水或修脸润肤露等等。如果你想使用这类保洁品，最好找一位你信得过的人了解相关信息，然后决定哪一种最适合你。记住：一点点就能起着很大的帮助，太多反而把别人吓跑。

既然说到身体的气味，那也要关注脚的气味。穿着出汗的运动鞋几个小时之后，其汗臭味会使最好的朋友都望而却步。每次运动之后，都要把运动鞋子放到室外晒晒，然后在鞋子里洒一点小苏打以保持其气味新鲜。尽量不要每天上学都穿同一双鞋，要有另一双互换，这样每双穿一两天即可。

要保护你的脚别染上脚癣，你就要保持双脚清洁和干燥。如果上完体育课在学校淋浴，要穿上平底人字鞋或其他防水的鞋子以免传染上别人留下的真菌。脚癣虽然痒得让人难以忍受，但一般药店都能买到治疗的药。

最后一点：保持身体洁净和健康要做到勤洗手，这是最容易做到却经常忘记做的事情。吃饭之前、摸了不干净的东西和上过洗手间之后，都要养成洗手的良好习惯。肥皂和水能防止细菌的传播，有些细菌会引发感冒或其他重病。有时也可以随身携带一些消毒液，以防有时周边既没有水也没有肥皂。

防止青春痘蔓延

以前，你从来都没有担心过自己皮肤的问题，进入中学后，糟了，忽然有一天你发现自己脸上、背部甚至手臂都长满了青春痘。青春期出现这些痘痘疙瘩是因为皮肤里的油腺胀大且其活动能力增强而导致的。如果你的皮肤属于油性的，有时你会发现润湿那边比另一边干燥的脸长的痘痘多很多。可以向父母了解他们在你这个年龄时皮肤怎么样，青春痘也有遗传的可能。

药房有专门医治青春痘和粉刺的各种药膏、药水及清洗脸部的清洗剂，这些药品既可抑制青春痘的蔓延，又可以帮助你保持皮肤清洁。早上起床之后、晚上睡觉之前和体育活动之后都要洗脸，因为头发上的灰尘和油渍会引发脸上的痘痘，参加体育运动时最好把头发甩向后面或者戴帽子。如果发现脸上有长痘痘的迹象，尽快把头发剪短，不要留辫子（长发）；如已长了痘痘，千万不能用手或其他利器掏挖，这会感染脸上其他部位，后果更加严重。

虽然没有绝对有效的方法阻止青春痘的引发，但良好的皮肤保养习惯却能减少痘痘、白头粉刺和黑头粉刺的数量。专家指出，多吃新鲜水果、蔬菜和每天至少喝六杯水，都有助于皮肤清洁健康。

查阅

美国皮肤医学学会

www.aad.org

查阅有关粉刺及其他皮肤健康类别的信息，亦能帮助你查找本地皮肤科专家。

皮肤癌基金会

www.skincancer.org

可查阅皮肤癌的预防知识和阳光下的皮肤安全指南。

你会发现每当自己感觉压力过大时，脸部皮肤就会变得更加油腻，也更加容易长痘痘。如果你能明白这些痘痘只是暂时长在脸上，并且又是成长发育的标志，你会感觉舒坦很多。过了青春期之后，脸上的皮肤基本会变得比以往更加洁净和光滑。如果你脸上的粉刺较为严重，就要去看皮肤专科医生，专门医治皮肤问题的专家能根据你的具体症状开出适合的治疗药方。

为了保护皮肤，出门时——就算是阴天，都必须使用防晒油，且这类防晒油的皮肤保护因素（SPF）至少要达到30%。美国癌症学会的研究指出，要避免被太阳晒伤，就必须经常使用防晒油，特别是在你出汗较多和在室外游泳的时候更要涂用。如果正好中午太阳直照最强烈的时候你在户外活动，最好戴上一顶小帽或垒球帽给脸部和头皮遮阴以得到保护。

有些人误认为，直接晒太阳有助于清除脸上的青春痘，并给幼嫩的皮肤添加一点“健康的”棕褐色。其实这是不科学的观点，在阳光的长时间照射下，当肤色开始变深褐色时，这说明你的皮肤已经受伤。有些人还想当然地以为，深肤色的皮肤不容易受到太阳的伤害，实际上无论肤色深浅，在紫外线的辐射（UVA/UVB）下，皮肤都可能会长出雀斑、变黑褐色或被灼伤等等，所以要保护好自己的皮肤。现在开始保护自己的皮肤，到10年、20年甚至30年之后你会感激自己的，因为到那个时候，太阳伤害的痕迹会一一露在脸上——皱纹、老人斑，甚至是皮肤癌。

我们这个邻居皮肤超黑，他每天都在庭院躺着晒太阳，我妈妈担心地说他可能会得皮肤癌。

——Dom，12

小　结

中学生中最常提出的问题是：“我发育正常吗?”注意“正常”所包括的意思很广泛，在班中，你可能比其他人高出一个头或者你比别人矮一个头；你的体毛、痘痘和肌肉都有可能比其他同学多一些或少一些；你会经历梦遗，且梦遗的频率完全与其他同学不一样；在你身上可能出现本章描述的青春期所有的迹象或者只有部分现象——这一切都正常。关键是你发育成长的速度完全按照自己身体内部自然的节奏进行。每个学生都是独一无二的个体，身体的变化如果让你感到惊讶或疑虑，请不要担心，这是变得成熟的正常反应。

第二章

喜欢自己的样子

在中学时期，青少年的身体会发生一系列的变化，因此，他们比以往更加在意自己的形象。想到自己的外貌一天天在变化，甚至每小时都有不同，很多中学生对此感到疑惑和忧虑，担心身材相貌会决定人生的价值。然而，这并不尽然，一个人的外貌对其发展只起着轻微的影响，但决定人生的主要因素却是身心、大脑、人格、思想和情感，更不用说每个人都有自己独特的与众不同的一面，如技艺、兴趣、经验、才能和梦想。如果你开始对外貌非常重视，这也能帮助你关注其他对你而言更重要的事情。秘笈二能帮助你喜欢上自己。

第一节　增强你的自尊心

自尊是衡量一个人自我感觉的尺度。如果你具有较强的自尊心，就会以乐观的态度去应对一切挑战，即使出现错误和遇到挫折，也能及时调整自己的心态。对自己充满自信并确信以自己的才能最终会取得成功，这意味着你既积极冒险又设定切合实际的目标。自信的人对别人的成就一样感到心悦诚服。

另一方面，自尊心不够强的人往往会采取消极的冒险行为，且设定不切合实际的目标，要么太高，要么太低，因为缺乏自信的人不能完全正确评价自己，很多事情都只凭一时的感觉。还有，缺乏自信的人总希望别人失败，这样可能会使自己感觉舒服一点儿，其实根本不是那么回事儿。

积极健康的自尊心的形成受到多方面因素的影响：别人如何对待你及你如何对待自己和他人。如果对你来说非常重要的人关心你，你的自尊心就会得到加强；得到你所爱的人的关心和支持时，你的自信心同样能够提高。你也可以通过关心、尊重自己和别人从而增强自己的自信心。

就因为我个子矮，一些人认为我才10岁，我讨厌他们。

——Annie，13

六年级之前我都没有注意自己的外貌，而现在我花很多时间用在打扮上。

——Manny，14

今年我戴上牙箍时非常激动，我恨不得马上矫正我两个大门牙间的缝隙。

——Natsha，12

建议　**避免自尊心下降**

要保持积极向上的自尊心，你就要注意避免下面一些可能会导致自尊心下降的因素，不要受其影响。

● 担心别人的想法

总是想象着别人对自己有什么样的看法，这会浪费很多时间和精力。关键是：你对自己的评价是什么样的？

● 拿自己的短处与别人比较

要记住你是与众不同的，可以用自己的方式去判断和行事。

● 渴望完美

世上无完人，何必苦追求？你我都是普通人，这意味着我们都有犯错的时候，要懂得宽恕自己，从错误中学习，并不断前进。

● 沉溺于“要是……我就能感到快乐”的老调

你是否常对自己讲：“只有进入校队，我才感到快乐”或“只有成绩得A，我才高兴”，有时甚至说“除非能买到这张DVD、这件衬衣、这款手机或这辆自行车，不然就很难快乐起来”。这种想法让你永远无法取得胜利。其实只要你感激自己所拥有的，而不是特别关注自己没有的东西，你自然会感到快乐和幸福。

中学时代，相信自我的能力本身就是一个极大的挑战。研究表明，在10～14岁的学生中，有很多人出现自信心下降的情况，这导致许多青少年对自己的决策、能力和智力都产生怀疑。如果你有这种倾向，就必须给自己打气。下面提供一些能提升自信心的有趣方法：

写出一系列能让你感到自豪的事情　这一系列的事件能不断地提醒你自己可是一个非常有价值的人。所列出的事情可以包括自己感到自豪的成就、独特的技能，也可以包括自己帮助别人所做的事情，或让你感到满意的外貌特征。每次要提升自己的自尊心，都可以把所列的清单通读一遍，并不时地添加新的内容。

练习呈现愿景　找一个僻静的地方，闭上眼睛想象某些自己希望拥有的能力（或者你已经拥有但还需要加强的）。例如，你希望更加自信、更富有艺术表现能力或更加勇敢等等。想象一幅能展现你能力的画面。也许，你想象自己自信地参加某一考试，娴熟地画着一幅美景，勇敢地表演着花样滑雪。大脑呈现意象意味着以想象开始而最终达到美化自我形象的结果。你可以随时做这种想象练习乐观地看待将来。

设定目标　要想自己的人生取得成就，就要设定目标。目标的设定最好能符合自己的实际能力，也就是只要自己朝着既定的目标努力，一定能取得成功。当你成功地达到目标时，记得也要奖励自己，以加深了解自己的进步和发展。

积极参加体育活动　体育锻炼不仅能帮助你保持健康的体形，而且还能让你心情愉悦。激烈的运动能使你的心脏跳动加快，从而释放出更多脑内啡（大脑内的化学成分），这能促进你的快乐和满足感。专家发现，经常保持活跃的人，对自己的自我形象总是感觉良好。

学会保护自己　当你知道如何表达自己的观点并得到别人的关

注，你也会形成良好的自我感觉。你不要任由他人利用你、取笑你和摆布你。虽然保护自己也是一种挑战，但是越是能坚强地站起来保护自己，你越觉得这很容易。

寻找灵感　你可以从书本、杂志和网络上寻找一些有意义的故事和语录。无论在哪里看到这些有意义的语句和行为，你都要始终铭记。你还可以把它们写进日记或博客。

> 当我心情不好时，我就去滑雪。无论有什么样的烦恼，滑完一场雪之后，我都会感觉好很多。
>
> ——Richard，13

查阅

《对自己充满自信》（*Be Confident in Who You Are*）

作者　Annie Fox

这本连环画故事书描绘如何肯定自己的故事，并给出了保持良好自我感觉的建议。

这是我的生活

www. pbskids. org/itsmylife

该网站收集了如何成长的有益信息和建议。

保持积极向上的心态

另一个让自己感觉良好的方法就是保持积极向上的心态。科学家研究表明：积极的思想有助于提升个人对自己的信心，并使其更加容易取得成功。遗憾的是，太多的学生，其中包括我中学的很多学生都养成了消极思维的习惯。下面的一些话语你应该非常熟悉吧：

无论消极的思想还是消极的自言自语，都会削弱你的自信心。

当你满脑子都是消极的信息时，你既不愿意冒险尝试也不想去争取所追求的东西。（因为自己已经预测最终的结果是失败的，何必再尝试?）一旦真的失败了，就会对自己说，“看看，我就知道做不了”。这就是众所周知自我实现的预言。

只要你能正向积极地思考身边的事情，你完全有能力扭转许多不利的局面。下次面对新的挑战时，大脑要力争形成积极的想法，一旦积极的思想代替了消极的，你对自己就会产生全新的感觉。经过几次的练习和尝试，你就能更准确地了解自己的能力——更清楚地明白自己的人生——前景更为光明。这就是人们熟知的积极思想的力量。

尝试　**想法形成积极的思想**

具体情景	不要对自己说	告诉自己能怎样做
考试前	“我知道会失败的。”	“我会努力学习，并尽己所能。”
课堂上	“如果我回答错了，同学会认为我很笨。”	“我会尽我所能回答，如果答错了，我就要找出原因。”
如果犯了错误	“我什么事情都做不好。”	“错误是学习的新机会。”
当你第一次遇到别人	“他们不喜欢我。”	“我们有许多共同点。”
学校舞会开始前	“没人愿意请我跳舞，因为我不够可爱。”	“如果我和朋友去，那一定非常好玩儿，而且我还能邀请他们跳舞。”
当朋友或家庭成员鼓励你尝试新东西	“如果我弄不好，那会很尴尬的。”	“学会一种新技能非常有趣。”
如果你的计划被取消	“那这一整天我会感到很无聊。”	“也许其他人能和我一起出去。”

从此，每当听到自己内心自责的消极言辞，就把它当成敌人对你的恶毒攻击，要用褒义的言辞替代。经常用那些崇拜你和喜欢你的朋友的赞美之话语来鼓励自己，替代以往消极的思维模式，你就会逐步找回自信。这就是积极的自我交流。

不争的事实

保持积极向上的心态既有助于你满意自己的定位，又能帮助你更好地达到目标；不仅如此，积极的思想已被证明有益于身体健康，还可以防止感冒。乐观向上的人比悲观（消极）的人能更好地应对压力。

满意自己的长相

积极的思想既是调整对自己能力满意度的有效工具，又是提高对自己外貌赏悦度的最佳方法。在中学生经历的所有身体变化中，毫无疑问让他们感到最难以接受的就是皮肤的变化，而保持积极的心态能帮助他们避免因此产生的尴尬并缓解忧虑的心情。

中学时期学生确实开始注意个人的外表外貌，然而，过于注重外貌会使很多学生难以树立自信心，因为他们在一起时更多地谈论哪个同学长得可爱、有型或衣着得体，还有哪些同学长相难看且不会打扮。显然他们把吸引人的外貌当成人生的关键因素，而现实生活完全不是这么回事儿。

青春发育期间，许多学生对自我形象的感觉就像气压表那样，一天发生多种不同的变化。气压表是通过测量大气压力的强度来预测天气变化的仪器；气压上升预示天气晴朗，而气压下降则表明天要下雨。与此相似，某一天对着镜子见到自己喜欢的形象而神采飞扬，但第二天剪了一个难看的发型之后，对自我形象的感觉就会马上从阳光明媚转到阴雨多云。

当我最喜欢的衣服还在洗衣房，且发型相当难看时，我多么希望回家睡觉而不用上学啊。

——Steve，11

在这一阶段，你还要面对更多的身体成长变化的问题：相貌、身高、体重等等，中学的几年里，身体的各个部位都在成长变化，你正在经历着世上所有人都要经历的尴尬时期。虽然对自己的身体外貌变化感到无能为力而有所担忧，这种担心却能帮助你牢记几项自己能掌控的事情：用真诚的微笑面对世界；以善良的心意与人交往；用自己的幽默感让其他人与你一起欢笑。这些具有魅力的品格完全可以自己形成，且与个人的外貌没有任何关系。

如果你对自己的外貌不太满意，就要想办法找出自己喜欢的几个特点。无论是什么样的特点，都要称为“我的优点”写下来。如果自己还想不出任何特点，就要请朋友或家人帮忙思考（他们给你列举出来的优点会让你感到相当意外）。要经常把所列举出的优点进行对照并自我评分，逐渐忘掉自己所谓的缺点并且要牢记自己的优点，经过一定时间的努力，你就会喜欢上自己的相貌了。当你喜欢上自己的相貌后，你就会发现别人也喜欢和你在一起。

戴牙箍，让牙齿更整齐

如果你特别关注自己的外貌，牙科医生会建议你去找牙齿矫正医师。牙箍所带来的压力并不很大，因为你只需短时间戴着它矫正牙齿。可还是有学生担心牙箍会伤着口腔；别人会觉得戴着牙箍古怪；甚至担心戴着牙箍后能否自如地接吻。事实如下：

- 初戴上时有一点点疼痛感觉（在箍紧的时候）
- 开始的几天牙齿会有点痛
- 需要一定的时间才能适应金属箍线

会不会所有人都盯着看你满嘴闪光的牙齿？虽然无法预测别人如何反应，但有一点是肯定的，人们都会关注到你的变化。经过一段时间后，大家看到你的牙箍也就习以为常了，没有什么大不了的；至于接吻，不管你戴牙箍与否，那都是件大事。

有些人喜欢传统的银色牙箍，而有人喜欢金色的，也有人喜欢色彩斑斓的。你可以选择适合自己的，还可以随着季节的变化和节日的不同而更换牙箍的颜色。

根据牙齿矫正医师的建议，有的学生可能还要戴上矫正牙齿的头罩。连着牙箍的矫正头罩一般要围着脖子或罩在头上，所以大多数人在睡觉前才戴上。有的头罩用橡皮松紧带连着牙箍，通常一条橡皮松紧带连着上齿牙箍，而另一条是连着下齿的。注意嘴巴不要张得太大，以免橡皮松紧带断破或把牙箍拔出。

一旦戴上牙箍，就要明确最重要的是格外呵护自己的牙齿。保证刷牙时要细心，到学校也要带上牙刷牙膏，以便午饭后可以洗刷。有时牙齿矫正医师也会建议使用你某种特别设计的牙刷，能更好地清刷到牙箍金属线的边沿；医师还会建议不吃那些黏糊的小吃，如焦糖、太妃糖或甘草糖，这些食品容易粘上牙箍的金属线而使其变形。

脱了牙箍之后，短时间内可能还要戴上牙齿保护圈，牙齿保护圈一般是用塑料或其他合成金属按照每个人的牙齿形状注塑的。因为吃东西或参加各种体育运动时都要脱掉保护圈，所以要注意保管以免丢失。

有些人不需要戴牙箍。我戴上牙箍时非常激动，因为我希望将来能展现更灿烂的笑容。

——Nelly，11

戴眼镜

中学之前你可能定期看过眼科医生（眼科医师或验光师），如果还没有看过，这个时期最好去看看，眼科医生既能帮你分析是否需要戴眼镜，也能为你提出矫正视力的方法。你可能想戴隐形眼镜，这时你的父母和眼科医生能判断你是否需要和什么时候需要佩戴什么类型的眼镜。如果你经常参加体育活动，最好戴特别的运动眼镜或防护眼镜。

无论是戴普通的近视眼镜、隐形眼镜还是防护眼镜，都要记住两点：经常佩戴并细心保养。很多人都忽略了保持镜片清洁干净的重要性。有些人认为把隐形眼镜的镜片摘出来浸泡清洗是件麻烦和痛苦的事情，但为了防止感染这是必须定期做的事情。

如果你从未戴过眼镜，也可以考虑买一副来试戴一下。戴眼镜和戴牙箍一样，一开始同学发现你的变化会稍加评论，最终他们就会习惯你的变化。选择镜框时，带上一两个朋友，让他们提供建议，挑选能体现自己风格的眼镜也是一件非常有趣的事情。

第二节　培养个人良好的爱好和独特的风格

有时你发现自己的头发比以往更加油腻，其实在青春期这是正常的现象，偶尔还出现几粒像雪花的头皮屑，你可以选用专门去发屑或对付油质头发的洗发液，并养成勤洗头发的习惯，最好一天一次。

如果你的发型需要长时间保持或需要大半个上午才能弄好，最好搞个更为简单的发型，不然你会成为全校出名的“缓飚王”，因为每天都要花很多的时间和精力来梳理头发。（除非你渴望保持这种风格。）

中学时期，女生开始尝试化妆。使用化妆品是个人的选择，但大部分家长都有他们的看法：有的家长规定女孩要达到一定年龄时才能使用化妆品，而有的没有太明确的限制。无论是化妆还是改变发型，都要考虑是否适合自己的实际，当然也可以向家人和朋友征求建议。

关于穿体装饰

中学时代身体的成长变化非常快，发现自己长大也会产生压力。班上的朋友和其他人可能已想到穿耳朵、穿肚脐、穿鼻孔，甚至穿舌头或身体的其他部位。

必须清楚明白的是穿体本身就存在危险，一旦程序出现错乱，有可能染上肝炎或其他更为严重的疾病。经验不足的穿体师还可能损伤你某个部位的神经或留下疤痕。每一种穿体都有危险：穿耳有可能穿破耳垂；穿鼻的饰钮会侵蚀鼻肉；穿舌头可能引起牙齿破裂、舌头充血脓肿、脸颊神经组织破坏和说话口齿不清等等。无论选择身体哪个部位进行穿体装饰，事先都要同父母沟通然后再作决定：既要征得父母的同意，又要明白所承担的风险。

关于脱除体毛

无论男孩还是女孩，青春期开始就要考虑是否刮胡须的问题。有的男孩上唇一出现稀疏的胡子就刮干净，而有的男孩却不愿意刮，不管胡须如何稀疏都留着，以显得成熟。

有的女孩选择刮掉腋毛和腿毛，而有的却喜欢留着，顺其自然。一些女孩还选用涂蜡或脱毛膏的方式除毛，还有一些女孩使用漂白膏，使上唇的和手上的体毛变得疏淡。如果想试用任何这类产品，使用前必须清楚其产品说明和指引。当今社会，激光除毛已变得常见，当你达到一定的年龄阶段时，也可以尝试这种现代科技的除毛方法，一般要经过几个阶段，且价格并不便宜。

很多人都用剃刀去毛，你可以选择普通的手动剃刀，也可以选用电动的。使用剃刀前，最好向经验丰富的朋友了解使用的方法，也可以遵循如下的指引：

第一步：选择合适的剃刀　剃刀的种类繁多，要认真选择。一次性的刀架通常用塑料制作，使用一两次就丢了；另一种常见的墨盒式的剃刀，刀片可以不断地更换（这对环保有利）。最重要的是刀片要干净和锋利，一旦你没带着剃刀或刀片，千万不能借用他人用过的刀片，这容易引发皮肤问题或皮肤病。

第二步：润滑皮肤　用温水、蒸汽或淋浴后把体毛洗柔顺，这样就更加容易剃刮。如果刮胡子后还不想洗澡，也可以先用温水和肥皂洗脸把胡子洗柔顺。准备剃刮时，也可以用温水和剃须膏清洗使皮肤湿润，这样在剃刮的过程中刀片会滑动得更加顺畅。

这是剃刮的关键步骤，如果你忽略这一环节，脸上的胡子或体毛就很难刮得干净，就像是用奶酪刨丝器刨过那样。

第三步：使用正确的方法　要轻轻地、缓慢地推动剃刀从皮肤表面刮过，剃刀使用时要保持干净——要经常用温水冲洗以清除毛发碎屑和肥皂污垢。

第四步：事后清洗　剃刮完成之后要用凉水清洗所刮的地方并拍干；如果你想使用洗涤液清洗，最好避免含有酒精类的产品，因为酒精会黏附在刚刮过的皮肤上，并刺激这一部位的皮肤。如果还要继续使用同一刀片，用后就要彻底冲洗并甩干刀片上的水滴。

头几次剃刮时，划破皮肤是在所难免的。如果皮肤出血，可以使用笔型止血膏，这种像粉笔的白色止血膏虽然传统，但止血效果好；当然你也可以使用其他已被证明有效的方法，如撕一小片纸巾贴在划破的伤口，几分钟后再把纸片弄湿然后轻轻地剥开纸片。要记得剥掉纸片，不要出门之后才发现自己满脸贴着纸片。

衣着问题

服装的时尚变化神速，刚刚流行的款式往往过几天就被看成老土，而作为青春少年对衣服的风格应该有自己的品位。可能你经常想自己的衣服能与某一朋友的或影视上某一明星的相媲美，这种扮酷的愿望是可以理解的，但若是常常由于选择穿哪一件上衣或哪一条牛仔裤才好而烦恼困惑的话，这种习惯就不可鼓励；当服装的价格较为昂贵且远远超过自家财力时，更不能助长这种奢求。幸好有很多无须额外花钱就能改变自己衣着形象的方法。

- 混搭（如衬衣上面再穿短袖圆领汗衫），经常变换衣着的搭配。
- 经常到旧货商场和二手货商店就可以买到许多便宜的好衣服。
- 搜查家里其他成员的衣柜（要征得对方同意），看能否找到新的东西穿。
- 穿戴装饰品：领带、围巾、纽扣、皮带、帽子、袜子、别针和其他的廉价装饰品都能产生时髦的效果。
- 在朋友之间举行（经父母同意）一次衣服互换集会，设定基本规则，比如带多少件来就可以带多少件回去，且带来的衣服质量完好。

建议

了解明星

你可能和其他同学一样崇拜电影明星、时装模特、音乐家或体育明星等等，而崇拜也能引发出更多的东西。如，你希望自己也像明星那样漂亮。

下面是明星魅力背后的真相：

- 明星都有把自己打扮得更加迷人的独家窍门，如时装顾问、化妆师、发型师和整容师。此外，许多明星为了追求消瘦身材而过度节食和体力锻炼。
- 影视演员和时装模特依赖专门提供的化妆品、特殊的光线和闪光角度才能取得完美的图像效果，如果你在现场见到明星本人，脸上的浓妆会让你觉得很难看。
- 杂志上刊登的模特的照片都是经过电脑技术的润色和改进处理的，电脑能消减色彩浓度并完全改变人物头发、眼睛和皮肤的样子。
- 专业运动员在教练的指导下花超量的时间健身，同时还有随队保健医生和其他专家监控他们的体重、健康状态和健美水平。

另一种能丰富你衣柜里的品种和款式的方法在于平时关注自己的衣着。有些衣服可能出现磨损和破裂，这有助于你学会简单的缝补技能：请在家的长辈教你如何缝纽扣，如何补上裂缝。当然，在家你还可以学会如何使用洗衣机、烘干机和怎样熨衣服等等。洗熨衣服时要依照衣服商标上的指示说明，学会自己洗熨衣服不仅能让父母得到休息，而且能保证自己随时有干净的衣服可穿。

有些青少年为了外貌不惜大费周章，额外花钱买衣服、鞋子、珠宝和其他装饰品。尝试不同的风格和时尚当然有趣，但穿着显得成熟时自己也会产生压力；有时你不大乐意穿上某一牌子的衣服——避免遭人取笑或被误解为属于某一群体。大部分少男少女对牌子都非常敏感，总是渴望买到合适牌子的衣服和鞋帽。

如果你拿自己的衣服、鞋帽、手表、发型和手机等等东西与其他人的比较，自然很多人的比你的好，但所有这些都能随你心意而定的。身外之物毕竟是身外之物，身外之物多并不能使你显得高贵，少之也不能使你变得低贱。

周边的很多人都希望你喜欢他们的产品：商场营销人员、作家、产品开发商、杂志编辑和那些经营流行服装的商店老板都想把东西卖给你：衣服、鞋子、发饰和香水等等。实际上，他们都在向你推销“偶像”。

少年杂志都充满着相似的内容：时尚建议、健美秘笈、如何穿着打扮和衣着不该如何搭配等等。这类杂志还带有大量的服装广告，所有这些都在给你传递强烈的意念——你如何穿着才好看。就算你平时不阅读杂志，也能在电视上或互联网上看到相类似的广告——每天有数以百计的不同广告！这些广告还通过各种各样的媒体传播：报纸、电视、网站、布告牌、视频光碟、视频游戏、杂志和电影等等。

为了娱乐，可以和朋友尝试下面的活动：问问家里的大人，看看他们是否还保留着当时中学的照片，看到当时谁被认为是最吸引人的，你会惊讶不已。你也可以到当地图书馆查看过去与时尚和美相关的报刊，了解当时对衣服、发型、鞋帽和时髦的建议。看过这些过时的偶像之后，你就会马上明白一个简单的道理：今天时髦的东西，明天就会变成老土。将来有人看到我们现在认为非常“酷”的照片，他们会疑惑为什么我们现在的品位这么古怪。

小　结

如果你对自己的相貌有疑虑的时候，父母或家里长辈往往会说，“长相并没有那么重要”。如果相貌真的没那么重要，为什么那么多的成年人特别关注自己的外貌，你对此也会产生不解；而令人们更加困惑的是，电影电视里的演员和杂志上的封面人物都大量使用美容化妆以增加吸引力。你所了解到的信息都是，“相貌确实重要”。

那么，你究竟该相信哪一方呢？答案是：相信自己。

相貌在某种程度上确实相当重要——不然人们为什么要那么辛苦和麻烦地天天洗脸和刮胡子，经常弄发型和变换漂亮的衣服以美化自己的外貌呢？保护好身体、皮肤、头发和牙齿是保持良好的精神面貌的重要步骤，而另一个关键点即是对自我形象要予以充分肯定。

第三章

理解自己的情感

“猛烈的”、“突变的”、“极端的”，这些词一般用来描写天气，但也可以形容人的心情。中学时期，学生情绪的摇摆变化属正常现象。人们通常把青少年时期的情绪波动归结于荷尔蒙。荷尔蒙对青少年的情感变化产生一定的影响，但学者研究表明荷尔蒙并不是影响学生情绪波动的唯一因素。此外，在家和学校的责任、与朋友之间的矛盾和融入社会环境的程度等等对学生的情绪都产生一定的影响。有时你对自己的期望过高也会导致情绪不稳定。所有这些压力都不易处理，也容易产生挫折感，有时你的情绪变化如此之强烈以至于你自己都感到意外和震惊。秘笈三就是讨论如何理解自己的情绪和有效处理情感问题。

第一节　你感觉如何？

你感觉如何与你周边发生了什么事情有一定的关联。当不幸的事情发生或者新的挑战就要开始，自然你就会感到情绪失落和紧张。想象一下，处在下面的情景时，你的心情如何？

- 裁判员误判，并把你罚出赛场。
- 你的老师对你说：“如果你考得还是那么差，我就找你父母谈。”
- 你听到父亲对你姐姐说他为她取得的成绩感到自豪。
- 你最喜欢的电视节目还要 20 分钟才结束，而你母亲要求你马上回房间睡觉。
- 为了上体操课，你在衣帽间与同学一起换衣服。
- 独唱马上就要开始了，你的家人和朋友都坐在观众席上看着你。

我在学习上有障碍，而使我沮丧的是其实我已经非常努力了，但父母却不相信。

——Josh，11

有时，在课堂上老师一点名让我回答，我就紧张得把一切东西都忘掉。

——Kira，13

我把自己的情感藏在心里，我和朋友从不谈论情感，我们就是不谈这方面的事。

——Devin，12

我虽然喜欢参加篮球的循环比赛，但其实压力挺大，每场比赛我的教练和队友都期望我拿下更多的得分。

——Alicia，14

也许这些方法不适应你，但其他方面的情况却能帮助你消除情绪上的低落和紧张。帮助你理解自己情感和情绪的简单方法就是记录下自己的感受。你可以写在日记上，也可以存在电脑里。先写下日期，然后写下自己的感受，并写明产生这种感受的原因。当情绪低落时，还可以写下一些自己能做的并能使情绪转好的事情。

如果你已养成写日记的习惯，那随时记下自己的情感就显得非常自然简单了。不然你就会觉得写下自己的思想感受有点别扭，特别是担心别人会看到你所写的内容。除非你想与某个朋友分析，否则就不要给其他人看到。把日记放到只有你才知道的安全地方，比如衣柜的后面；或者锁到箱子或抽屉里面。如果你用电脑记录自己的情感历程，那就要设立好文档的保护密码；若是保存在移动存储器，那自己保管好。这样你就不必担心有人偷看你所写的内容了。

如果你不属于那种喜欢记日记的，还有另一种能帮助你应对情绪变化的好方法——说出来。找一位好朋友或关系密切的人交谈，尤其是在你感到迷茫、受伤害或者孤独的时候，最好找一位长辈交谈。你可以找父母、老师、辅导员、教练、校内护理员或者青年社团负责人说出自己的感受——任何你信得过的人都会倾听你的心事并坚定地支持你，给你提出好的建议。

让交谈继续进行的技巧

下面是一些能让你开启重要而又艰难的谈话的方法：

- “这对我来说真的难以启口，但……”
- “我要谈谈一些我现在感觉是正确的事情。”
- “和你说这些我感到很不自在……”
- “有时我感到非常（生气、伤心、沮丧、担忧）而不知道做什么好，你能给我提些建议吗？”
- “这个时候和你谈论某些重要话题合适吗？”
- “我有些烦恼的事情想和你说说。”

你可以调整适合你自己的风格的开场白来开启交谈。关键要开始谈到这一话题。可能对你来说谈到自己的情感有点难度，但在大多数的情况下，你所选择交流的成年人会想办法把谈话变得轻松自如的，因为你所选择的必定是你信赖的。一旦开启谈话，最难启口的内容都不是问题。

查阅

《了解真实的你：专为女生设计的50道趣味测试题》（*Getting to Know the Real You*：*50 Fun Quizzes Just for Girls*）

作者 Harriet S. Mosatch，Elizabeth K. Lawner

本书的测试题充满趣味，对自尊、压力和其他重要话题提出了很多有益的建议。

《男孩挑战指南：与女孩真诚交往，长大和男孩的其他事情》（*The Teenage Guy's Survival Guide*：*The Real Deal on Girls*，*Growing Up*，*and Other Guy Stuff*）

作者 Jeremy Daldry

作者以自己真实的经历描写了男孩如何长大。

第二节 如此尴尬

人人都会偶尔碰到尴尬的场合。无论你如何努力想把事情做得稳妥和精致，都难免出现疏忽。例如，你和自己暗恋的对象一直相谈甚欢，突然发现自己前齿还塞着一根翠绿的莴笋条，必然感到尴尬难耐！又如，你正编排笑话取笑科学老师，笑话还未讲完，却发现这位老师就站在你的身后。摆脱尴尬困境的最好方法之一就是说，“哇，我太难堪了！”然后一笑了之。这种方法通常比假装什么事也没发生或者想办法掩盖自己表情的做法效果要好得多。笑对自己的错误，能使错误变小。

少年、青少年、家长和老师——每个人都有犯错的时候，也都有尴尬的瞬间。就算名人、总统或奥运获奖的运动员都难免有尴尬的时刻。在那种时刻，虽然很多人都认为那是世界末日了，其实并没有那么糟糕。

想想当别人出现尴尬的场面时你通常如何反应：你是否笑得直不起腰？是否还要戏弄人家？当你碰到别人出错时，应该尽自己所能缓和场面，这也是你希望别人对待你的方式。

在音乐节上，一个朋友把水倒在我的裤子上，当我们站起来的时候，他即大声喊叫，“麦克，这就是当作厕所用的！”这时至少有50个人回头看着我！

——Mike，13

我刚刚开始练习嘻哈舞步，忽然看到我哥哥的朋友进来这个房间找他，而更糟糕的是，我当时穿得很少！

——Ali，12

应对压力

嘀——嘀——嘀——闹钟把你吵醒之后，你却找不到自己喜欢的衬衣；你弟弟又比你先一步进入洗手间并把门锁上（他不会为你而加快速度）；由于上班要迟到了，你父亲大声喊叫；而更加糟糕的是你小妹把牛奶全洒到你的英语作业上。早上还没到八点，你已感觉几乎被压垮了。以上的情形是否很熟悉？

很多中学生对身体的变化、友谊、成绩、考试和家庭环境等等都感到忧虑。如果询问你的家人或朋友，是什么事情导致他们产生压力，你会觉得他们的回答非常有趣，因为他们所忧虑的和你所担心的大部分是相同的事情。也许个别人的回答让你感到意外，但无论哪一种情况，都能再次让你确认：你不是世上唯一对某些事情感到担忧的人。

压力会引起人体的自然反应。虽然每个人身体反应的程度不同，但下面确实是普遍现象：

- 消化速度变缓慢，这样才能使血液流向最需要的地方；你会觉得口干或肚子疼。
- 更多的血液涌上大脑，脸上泛红或者感到头部被压迫得疼痛。
- 你的肚子会感到不舒服，因为你的身体正在产生更多的化学元素，如肾上腺素，这些会增加你的体能。
- 为了及时输送含氧丰富的血液到身体各个部位，你心脏跳动的速度会加快，有时会发出扑通扑通的声音。
- 血液快速流向主要的身体部位，而流向手和脚的血液减少，这就导致你感到手脚冰凉。
- 你全身冒冷汗，连手掌都湿了。

> 我一说考试就紧张，无论我平时学得多好，一到考试的时候我就满脑子浆糊。
>
> ——Jenna，12

专家认为父母在遇事时紧张或冷静的心理素质也会遗传给孩子。尽管遗传基因对你的焦虑程度产生一定的影响，但其他的因素也会产生作用。随着年龄的增长，你会逐渐掌握处理紧迫事件的方法。你可以观察你妈妈、爸爸或其他成年人，看他们如何应对压力，可以从中学到很多经验。有些人年纪很少的时候就形成了自己应对压力的方法。

生活中有一定的压力是正常的，每个人都有。而从某一方面来说，压力对你是件好事。想象一下，如果你的作业什么时候上交都行，那将会怎么样？又如果在体育赛事中，所有的运动员想打多长时间就玩多久，想怎么样玩儿就怎样玩儿，没人要求他们尽最大能力，那又会是什么样的结果？如果任何人都不用设定目标、不用学习、不用考试，也不用在大众面前说话或表现什么，那中学生的生活会变成什么样子呢？会相当枯燥，你们不这样认为吗？如果没有适当的压力催生额外精力的需要，人们就没有那么强烈的动机去尝试新的东西。

不争的事实

长时间承受压力会影响人体的免疫力，由于应对压力要消耗太多的精力，身体就会失去抵抗感染和疾病的能力。

就算是生日、假期或节假日，也会让人产生压力。但话又说回来，这种压力能让人感觉良好，如肾上腺素增高，为你的生活添加激情。

但有些压力完全是消极的，例如，当你遭遇到欺凌、父母离异、与朋友打架、考试成绩差或遭遇其他的困难时，那该怎么办？这类挑战难以应对并会产生巨大的压力，使人有时感到整个大脑就像要爆炸了一样。下面是一些能让你提升感觉的良方：

保持身体运动　无论你参加的是竞技的乒乓球比赛，还是湖边自由划船，都一样，当遇到压力时，最好的放松方法就是体力活动。有规律的体育活动已被证实能改善人的心情。

饮食得当　健康的饮食是降低压力的重要方法。尽量避免饮用含咖啡因的饮料，因为这一化学成分给你增加能量的同时也加重你的压力，并使你感到疲惫。咖啡、茶、苏打水和巧克力通常都含有咖啡因。

充足睡眠　研究表明，睡眠不足让人更加难以应对生活的压力。争取早点睡觉以减轻压力。

笑起来　研究证明，欢笑声能帮助人们感到快乐。观看网上搞笑的影视节目、阅读一些幽默故事或观看一些喜剧电影都可以减轻压力。

找乐子　找一些有趣的事情做，就能转移你对压力的注意力。你喜欢做什么？你喜欢和谁在一起共度时光？找这些人在一起，吸收他们的能量并感受他们积极的心态。

运用自己解决问题的能力　花过多的精力去忧虑已存在的问题会引发更大的压力，与其感到无助，不如思考解决问题的具体方法和步骤。

做一些放松运动　这类运动包括深呼吸和想象一个安静优美的情景。你可以尝试设计适合自己的活动方式。

查阅

全国孤儿乐园热线 1—800—448—3000

7 条 24 小时开通的专线，可随时接通在线的顾问专家，他们会倾听你的问题和压力并提出建议。

少年成长

www. teengrowth. com

此网站为青少年提供有关健康的信息及应对压力的策略和建议。

建议

什么时候寻求帮助

你平时如何应对压力？也许听听音乐，同宠物玩玩，洗个热水澡或者上网观看一些有趣的视频，这些都是积极的应对方法。相反，有时你应对压力的方法并没有那么积极，当你忧虑时，是否有过如下行为？

- 吃东西
- 睡懒觉
- 隔餐才吃东西
- 看电视
- 打电子游戏
- 上网浏览
- 独自待在房间
- 推迟要做的事情，像作业或家务

如果压力使你感到长期困扰而不能自拔，也使你远离朋友和所喜欢的活动，那就有必要马上找长辈交谈，他能帮助你找到积极的应对压力的方法，这是你学习生活中经常要面对的挑战。你也可以运用本节所提出的建议。

尝试 **放松活动**

当你的时间较为紧迫时，可以尝试运用想象的方法放松自己：闭上双眼，想象一个宁静的情景——像太阳升起的海边，或者另一安静的地方，闭上眼睛直到自己感觉放松之后再睁开。

当你的时间较为充裕时，可以依照下面的步骤进行活动：踮起脚趾使你的身体慢慢升高。如果有人在旁边朗读着运动的指令，放松效果会更好。

1. 踮起脚趾，心里数数，到5时开始深深吸气，当感到你的脚趾放松时，然后再呼气。

2. 当小腿的肌肉感到紧张时，保持吸气，再数到5，然后放松紧张的肌肉。

3. 使两边大腿的肌肉紧张起来，数到 5 时再放松。

4. 紧缩臀部和腹部的肌肉，持续数到 5，然后慢慢放松。

5. 下一步，双手握紧手指，深深吸气，持续数到 5 之后放开手指，再呼气。

6. 挥舞两只手臂，使手臂肌肉感到紧张，数到 5 之后再放松。

7. 紧缩肩胛骨使胸部肌肉感到紧张，持续数到 5 之后放松，呼气。

8. 用双手按压下巴和脸颊，同样 5 秒钟之后放松。

9. 用力按压眼睛周边及前额，5 秒之后再放松。

10. 最后，深深吸气，然后呼气，想象身体哪个部位肌肉还紧张。现在的感觉如何？

第三节　面对恐惧

生活在这一时期，你要面对许多自己都不太确定的挑战。天天都出现一些常见的恐惧：

在大众面前说话　当要面对全班同学说话时，很多学生都感到非常紧张，就算他们已经知道了正确的答案也一样。对某些学生来说，口头的报告更是一种考验。面对大众说话其实也是许多大人最常见的恐惧之一。

与众不同　也许你担心自己不合群，或者担心自己的言行会遭到其他人——特别是“扮酷”的那一群人——的取笑。

有些可怕的事情发生　也许你担心会失去某一个你关心的人，担心自己会发生什么意外或者生病；也有可能担心死亡，好多大人也担心这类事情。

学习成绩不好　很多学生都担心考试、作业、学习项目和分数。一些学生不断地害怕考试成绩不好，这种恐惧对那些自我感觉不满意的和学习有困难的学生影响特别大。

有朋友反对你　你是否担心你的朋友突然不喜欢你？或者担心他们会找到“更好的”朋友出去玩？因为友谊在初中阶段如此重要，这种恐惧也很常见。（其实你的朋友也有同感！）

不受老师青睐　学年一开始，就有学生担心老师不喜欢他们，有这种担心的学生会忧虑他们的学习进步情况。其他学生可能过去与老师有矛盾，他们担心新学期是否与老师产生更多问题。

被家人弄得尴尬　有时会因为家人，特别是父母，而感到尴尬，这主要出现在初中这一年龄段。父母的用意是好的，但所做的和所说的可能会让你感到尴尬（如当你正和朋友在一起，或拥抱，或者正接吻时，父母提醒你要刷牙）。

尝试新东西　你是否因为担心自己没有能力做好而不敢尝试某些事情？也许你觉得自己没有把握，于是就不加入运动队或没有参加学校的比赛，很多青少年对新的经历都有这种感觉。遗憾的是，这种恐惧影响了一批学生，使他们丧失了挑战自我的机会。如果没有尝试，他们又怎能知道是否在这方面做得好呢？

四种面对恐惧的方法

恐惧是生活的一部分，但这并不意味着任其自然地阻碍你，下面是四种可以用以面对恐惧的方法：

分析恐惧背后的情感　假设你害怕最好的朋友会不再和你玩，而加入“更受欢迎”的群体。要自问：我的恐惧有什么作为依据？还有什么感觉？你是在担心你和你的朋友不再享有相同的兴趣吗？你觉得自己没有像其他人那么“酷”或有趣吗？你的朋友会按照你以为的方式变化吗？可能那是你的感觉而不是恐惧。

自问恐惧是否真实　换一句话，这是可能发生的还是不可能的？用上面的例子，想清楚你的朋友是否真的远离你。你的朋友过去做过这样的事情吗？你的朋友是真的忽略了你，还是有迹象表明他放弃你？如果不是，恐惧就是不真实的。

找一位你信得过的成年人交谈　如果把恐惧封锁在内心，恐惧就会变得比真实存在的还要大。成年人能够帮你分析你的恐惧根据是什么，并能帮你判断恐惧的真伪。

勇敢面对　一旦确认你的恐惧，你对它的了解也就会深刻一些，你也就能够面对着恐惧前进。首先要作好一步步的行动计划。你可以用与下面相似的图表记录你的进展情况。先想好可以开始的第一小步，然后接着第二大步，之后再考虑后面的行动。

我想加入学校的歌唱团，但又害怕，如果面试时我唱砸了怎么办？

——Trent，11

尝试　**采取具体措施**

通过具体的措施，行动计划能帮你有效应对恐惧。下面是一个例子：

我的恐惧：我非常害怕要求下个月在班上做的大型演示。

依据：如果我看起来紧张，那说话也会紧张，班里每个人都知道。我想得到大家的认可并希望他们认为我充满自信。

	行动	时间	如何感觉
第一步行动	课堂上举手提问	星期二的社会学课和星期四的科学课	做完之后感觉松了一口气
第二步行动	在家练习大声演示报告	这个星期三次	每次都能增强信心
第三步行动	在家人面前演示部分报告	星期六吃过晚饭之后	激动！他们都认为很好

应对恐惧并非易事，所以对自己要有耐心。例如，要采取多次具体行动之后才能使恐惧心理得以缓解。设计和执行具体行动计划时都可以请教朋友、家人和其他信得过的长辈，他们会支持和帮助你。

第四节　应对愤怒与悲伤

有些人生气时会尖叫和大声呼喊，有些人却保持沉默，而另一些人以相对隐秘的方式表达他们的愤怒，他们会对其所愤怒的人散播谣言，或以其他的复仇方式报复。无论愤怒突然爆发还是在内心慢慢积累，都有可能使你失控。

偶尔生气是可以的，因为这也是人生活的一部分。虽然对着别人吼叫没有效果，暴力也不能解决问题，但沉默地对待别人同样不是好方法。下面是一些解决愤怒的有益方法：

选择一些身体活动　愤怒会使你的身体产生很多额外的能量，这使你想吼叫并有使用拳头的冲动。如果你愤怒到无法直接思考，那就到户外跑一圈、打合适的电子游戏、练习空手道、滑雪，或者在自己的房间把音乐的音量调高拼命跳舞。

找时间使自己冷却下来　当你上课或在车里的时候，就不可能做如上面提到的身体活动。那该怎么办？闭上双眼，通过鼻子深深吸气，慢慢从1数到5，然后通过鼻子呼气，慢慢从5数到1，这种方式重复几次就能使自己冷静下来。

告诫自己不能为愤怒所驱使　有时人们也不知道他们的行为会激怒你。例如，当你拿着午餐托盘时，有人突然撞到你，饮料洒了出来。你这一天就因为此事毁了？你可以选择把愤怒抛之脑后，并考虑一些积极的事情以转移自己的思维。

表达自己的愤怒　像其他情绪一样，愤怒也需要发泄，你可以写下自己的愤慨之情，也可以找朋友倾诉。

把自己的感受告诉你所恼怒的人　要告诉对方你对他生气，这确实会让你感到不自在，但这种方法是可取的。如果对此事置之不理或不再同你生气的人说话，你会感觉好受些，但是，你知道这样做的后果如何吗？怨气依然存在，只不过深埋你的心底而已。

做些有趣的事情　回想让你气愤的情景并不能使你感觉变好，但做一些你喜欢的事情能改变你的心境。无论打电子游戏还是看看漫画都可以，只要能将你的身心转移到别的事情上就行。

查阅

《麻烦与有趣的方法：少年帮助少年应对压力和愤怒》（*Hot Stones and Funny Bones: Teens Helping Teens Cope With Stress and Anger*）

作者　Brian Seaward，Linda Bartlett

本书汇集了全国青少年的观点，强调正面的方式应对愤怒、挫折和压力。

少年健康

www. teenshealth. org

该网站提供了健康的普通知识和应对伤心、焦虑及其他情绪的建议。

难过与悲痛

当你感到难过时，感觉就像自己的心被掏空了一样，无法应对所发生的事情。遗憾的是，难过的事情在我们人生中经常出现，每个人都会经历伤心和失望，像离婚、搬家、家人生病、转学等等都可能引起伤心，失去了心爱的宠物也一样。

难过，像其他情绪一样，最终会过去的。但是，就算知道这一点，在你伤心的时候，这也不会让你感到安慰。哭泣是身体释放痛苦情感的方式。

在你年纪还小的时候，经常哭着表达你的情感和需求。随着你不断长大，你越来越自觉地控制自己，不让别人见到你的眼泪。如果你是男孩，早就知道一条原则“男孩不流泪”。无论男孩和女孩，都认为哭泣是不成熟的表现。实际上，哭泣是释放情感的健康方法。当你觉得难过、愤怒或者观看了伤情的电影时，都可以哭泣，世上没有人因为年纪太大了而不能哭泣。

当然你还可以用别的方法应对伤心。找一位支持你的人倾诉——朋友、父母、老师或者学校顾问；也可以把自己的情感在日记里表达出来，通过音乐、艺术和诗歌的形式表达也行；也可以到户外进行运动，呼吸新鲜空气。有时你最需要的是一个真诚的拥抱或可依靠的肩膀来放声痛哭——这时不要害怕依靠你所爱的人。

最伤心的事情莫过于你亲近的人死亡——如祖父母、家庭其他成员、朋友或朋友的父母、同学或在校的老师，或者心爱的宠物等。首先，你不愿意相信如此可怕的事情会发生，因为失去亲人的痛苦是难以承受的。有的时候，你可能太伤心了以至于把自己的情感封闭了起来。每个人的悲伤都不同，最重要的是要找人把自己经受的痛苦诉说出来。

很多学生都是在初中阶段第一次经历死亡事件，或者是宠物或者是所爱的人。结果是一团乱糟糟的情感纠结在一起——伤心、悲痛、疑惑、负罪感、愤怒，甚至恐惧。如果你失去一位深爱的人或对你非常重要的人，自然你会开始怀疑世道为什么如此不公平，或想知道人为什么要死亡，你可能还有很多复杂的问题自己无法解答。这些问题都可以找长者交谈，也可以找一位受过专门训练的、能帮助他人解除痛苦的心理医生交谈。你不能独自承受失去亲人的悲痛。

有时候，人的伤心并不一定与某一具体事件相联系。如果你不高兴，且这种情绪保持时间过长，就会导致压抑。青少年也像成年人一样，可能产生压抑。压抑的迹象包括：

- 感到无助或无望
- 睡眠不好或者感到疲惫
- 一直难过
- 对自己或别人非常生气
- 极度焦虑

如果你经历的与上述现象相似，马上寻求帮助：找一位信得过的长者交谈。

查阅

《化解少年心里的悲伤：100 条有效建议》（*Healing Your Grieving Heart for Teens*：*100 Practical Ideas*）

作者 Alan Wolfelt

本书能找到很多帮助你渡过艰难时刻的建议和活动。

希望热线 1—800—784—2433

这是一条应对严重压抑和有自杀倾向的人的应急热线。如果你或者你知道其他人需要帮助，随时拨打该热线与应急中心联系。

真情帮助朋友

你的朋友同你一样经历着身体和情感的变化。有时，你的朋友感到困惑、伤心或压抑，你该怎样帮助他们？如果朋友要求你提建议，你可以提供对你有效的方法，也可以认真倾听他们的诉说，并表达你的关心。

如果情况较为严重，建议他们找大人帮忙。你可以给朋友提供热线电话，或者提供能应对你朋友所面对的这类问题的组织的名称。

如果朋友告诉你一些秘密或私人的事情，该怎么办？这要视情况而定。朋友需要相互信任，这是友谊的基本要求。所以，如果朋友告诉你一个秘密，你最好保守秘密；不然，你可能失去朋友的信任，甚至失去友谊。

然而，如果朋友告诉你的私密事情涉及生命危险（例如，他或她正遭受欺凌、饮食混乱、想自杀或非常压抑），应该马上向大人求助。这些都是非常严重的问题，你独自一人难以处理——无论你如何聪明，也无论你如何在意。当朋友需要帮助时而找大人帮忙，这并没有破坏诚信！这是为朋友和你能做的最好的事情。

小 结

到你生活的这个时期，你不会再认为自己是小孩子了。你显得比以往更加成熟，并更有能力自己处理问题。你希望别人把你当成年人看待，并能照顾好自己。结果，有时你会隐藏自己的情感，当你实际感觉不好时却假装感觉良好。但是，诚实地说出自己的感情才是成熟的标志，也只有这样才能向你周围的人表明你越来越能应对自己的情感问题，也更加懂得照顾自己。

第四章

保持与家人沟通

初中时期，你的家庭关系也在发生变化。父母喜欢的音乐、电影和其他活动，对你来说，可能都显得古怪和无聊。有时他们做的事情使你感到尴尬，如在你朋友面前拥抱或亲吻。可能你觉得父母一下子变了，而最有可能变的是你与他们联系和相处的方式。虽然你还需要父母，但你比以往更加独立自主了。当你想逐渐疏远他们时，他们却想办法把你套得更近或者不愿放手。有时你和他们的关系就像拔河比赛的激烈争夺战一样，你可能把绳子一头拉过一点，但还是连着他们。秘笈四，就是关于如何保持和谐的家庭沟通。

第一节　保持交流渠道畅通

初中时期，同父母交流通常会变得比以前困难，这是因为你已踏进一个新的发育阶段，你开始有不同的观点和主意及不同的需求。你可能还希望参与大人的谈话及家庭决策，因为你在长大，希望别人听到你的意见。

少年时代是培养兴趣的好时期，喜欢什么，不喜欢什么，这也包括思考“你是谁”（你的身份）的问题。你可能发现很多方面你与父母不同。当你按照自己的感觉行事时，你与家人的某些冲突注定要发生。

虽然你爱自己的父母，但对他们设立的规定和处理家庭事务的方式会产生怀疑。偶尔有不同意见是正常的。但有的家庭经常出现争吵，连最普通的谈话也常会变成骂人。家庭成员可能说了一些伤害感情的话，或者引发麻烦的话，这样，交流就再难以继续。

使情况变得更加艰难的是，在这个年龄段，你还不懂如何表达对父母的爱，而他们往往会误解这种现象，认为你已不像过去那样关心他们、需要他们（尽管你完全没有这种感觉）。

我妈太忙了，很难同她好好交谈。

——LeShawn，11

我那两个小弟小妹太贪婪了，总要父母的关照，而我基本被忽略了。

——Rissa，14

就算我非常礼貌地说话，我的继父还是说我不行、找我麻烦，从来没有听我把话说完就冲我发火。

——Alex，13

我父亲似乎从来都不听我说话，他总是关注其他事情，而我弟弟却总要别人关注，我感觉到没人理我。

——Julie，12

七种方法助你与家人和睦相处

虽然争论是家庭正常生活的一部分，但坦诚地交流有助于解决家庭矛盾。下面的方法可以尝试运用：

运用"我"字 很多阐述都依靠"我"字来传递，例如，"当别人对着我吼叫时，我非常生气"，或者"我觉得有时你把我当小孩对待，我要展示我是多么地负责任"。不要把责任推到别人的身上，"我"字能凝聚情感、缓和紧张局面。

说话语气冷静 冷静地、礼貌地说话，不仅表明你对家人的尊重，而且让你的话有机会被听得更加清楚。如果你尖叫起来，你的父母自然反应也会大声叫喊，而不是与你慢慢说。尊重别人才能得到别人的尊重。

直接说出自己的观点 鼓足勇气把观点直接表达出来，或者直接提问。如果你担心伤害到某人的感情，或者得不到你所期望的回答，记得"我"字策略是非常有效的交流方法。重新开始，每句话都以"我"字开头。

理解别人的感受 每个人都有自己的观点，所以要让每个人都把自己的观点表达出来。比如，你父母规定周末晚上你才能和朋友出去玩儿，平时不可以。你就要思考你父母的观点，可能他们担心，如果你和朋友玩的时间太长会影响你按时完成作业。你要表明理解他们的担忧，那他们自然也会听你的理由。

坦诚对待小小的舍与得 解决问题的方法通常是让步——每个人舍弃一点而又得到一点。以刚才提到的为例，你如何做到让步呢？假如你保证先完成作业再和同学出去玩儿，并同意晚上8点前回到家，那会怎么样呢？父母会同意你平时也出去玩吗？答案可能是肯定的。

注意身体语言 身体语言是一种不需要文字的交流方式。例如，你对着老爸吼叫，他要你道歉，你虽然说了对不起，但却抱着双手，目光转向别的方向，那你父亲所"听"到的即是"我一点儿也不觉得对不起！"。还要注意你的表情、动作和姿势，同时尽可能眼神交流以表示你关注。

认真倾听　在交谈或争论的过程中，人们有时会把自己的声音提高以盖过别人的声音；有的人只关注自己准备说的内容。学会倾听需要内心，也需要经过一定时间的练习。当人们知道你在认真倾听时，他们会觉得受到了尊重——这使他们更愿意听你说。

查阅

我的生活——家庭

www. pbskids. org/itsmylife/family

访问此网站，了解在家如何与兄弟姐妹及长辈和睦相处的建议。

《我们一家子怎么了?》(*What's Up with My Family*?)

作者　Annie Fox

本书为连环画故事，主题关于家庭生活，对现实家庭生活提供有益的建议。

第二节　家里的热点问题

无论家庭成员如何努力和积极沟通，有些冲突还是注定在家里爆发的，特别是提到热点问题——这些问题会导致孩子和父母之间的观点经常冲突。这些问题包括：

- 家庭作业
- 家务
- 观看电视的时间
- 晚上熄灯和睡觉的时间规定

- 奖金
- 衣服、化妆和其他“打扮的东西”
- 朋友的选择
- 凌乱的房间
- 隐私
- 上网和发短信的时间

家庭热点问题也成为你和父母激烈争夺权利的重要阵地。你要求他们把你当成年人看待，而他们却要你表现得更成熟点。所以，在某种程度上，你们想到的是同一目标。热点问题的冲突在于长大了意味着什么。你认为长大需要更多的自由，而家长却要求你长大在家承担更多的责任。

规定，规定，还是规定

因为你还不是成年人，生活的很多方面都由父母控制着，同时你不断地长大，越来越有能力自己作出决定。按现在的年龄，你完全可以自己选择参加什么样的活动、穿什么衣服、和谁在一起玩儿、周末做什么等等。然而，父母对此也有他们的看法，他们唠叨很多都是关于你所选择的衣服、所交的朋友和参加的活动。最重要的，是因为他们希望你最好，才说那么多。

但有时父母显得过于小心保护，正当你要更多的自由去探究世界和了解自己的能力时，他们就把你拉回去。获得更多自由的最好方法是什么？承担责任！如果你想有能力做更多的事情——如晚点睡觉、和朋友出去玩、花自己的钱买自己想要的东西等等——那你就必须向家人证明你有能力应对你的自由。

例如，你父母把你留在超市让你和朋友在一起，他们相信你会负责任的。如果几个小时之后他们回来接你，而到处都找不到你，那会是什么样的结果？又例如，你决定放学后去朋友家，但忘了先打电话回家，又会怎样呢？如果你让他们失去对你的信任，你的父母可能会认为你还没有能力应对自由和责任。结果如何？他们会限制你更多的自由。如果你能准时打电话或者记得打电话回家，你父母就认为你有能力拥有更大的自由，他们可能还会奖励你更多的自由空间。

当家里最小的真痛苦，我哥哥想做什么就做什么，但我妈却对我说，每天晚上8点前必须回到家——周末也一样。

——Jakob，12

家务

家务是引发家庭矛盾的另一重要根源。没有几个人喜欢干家务活，这已经不是什么新闻了。但只要你想一想，如果大家在一张沾着薄饼糖浆的黏糊糊的餐桌上吃饭，那肯定有问题，或者大家都不要换洗衣服，那更有问题。例如，谁会愿意花半个小时去寻找他的衬衣，而结果发现衬衣还放在洗衣房呢？

虽然大家都知道，做家务既没有任何乐趣也不会吸引人，但做好家务确实能使家庭变得温馨和睦，况且只要人人都参与，家务活就不会太难。想想你家里有多少家务，是否公平地分配给每个家庭成员。你可以建立一个家务分配图表。首先，列出每天或者每周要做的家务；然后，列出几个栏目，写出谁完成哪一项任务、需要多少时间、难易程度或者喜厌程度（难易或喜厌程度可以设定梯级数字来表示，如，清理洗碗机为1，清洗卫生间为5）。

当你完成了上面的图表后，把每个人干家务活的时间加起来。谁做得最多？谁干得最少？家里哪个成员负责最难的活？是否有方法减轻他们的重负？如果你已经干得太多了，和父母谈谈是否能有所改变？

荧屏前的时间

另一个经常引发冲突的问题是青少年花在荧屏前的时间：看电视、玩电脑、玩电子游戏、发信息以及通过社交网站联系朋友等等。很多学生都过低估计自己在荧屏前的时间。其实你经常经历这种情况：玩网络游戏或者上网浏览，在不知不觉中一两个小时过去了还不知道呢。有时你打开电视，只想看一个节目就行了，但是结果却看了两三个节目后才关电视。你过去一天只发几条信息，而现在你与朋友的来往信息多到无法计数。

追踪自己一个星期在荧屏前花多少时间，也是一个有趣的活动。记录自己一周花几个小时看电视、玩电子游戏和上网浏览，别忘了也包括你通过手机发信息和运用最新社交媒体与朋友联系的时间。开始追踪之前，先预测自己的时间量，然后看看实际所花时间是否与你的预测相符。如果家长觉得你花在荧屏上的时间太长，你可以邀请他们一起参与追踪活动。要运用你所追踪到的事实与家长交谈，并确定多长时间才是太长。

不争的事实

很多专家认为：花太多的时间浏览网页或玩电子游戏，对现实生活会产生严重影响。把大部分精力集中到虚拟世界的人会变得离群孤独，缺少身体活动，还使其身体肥胖并导致体质变差。

提示　**空余时间　不用电子产品**

如果你发现自己在荧屏前花的时间比你所希望的还要多，那就想想别的还有什么事情可以做。下面是一些例子：

- 阅读书、杂志或报纸
- 培养新的爱好或者参加一项体育活动
- 写日记或者进行艺术创作

再思考其他可行的项目并添加进上面的清单中。可以涉及家庭活动，如徒步、野餐、一起做饭或者交谈。

隐私

初中时代，隐私已成为一个重要的事情，因为你这一阶段的生活需要自己的空间。这也是争取独立自主的体现。父母和其他兄弟姐妹可能还没有意识到让你拥有自己的时间多么重要。他们可能还未敲门就进入你的房间。也许他们未经同意就查看或借走你的东西。如果有人侵扰你的隐私，特别是在你阅读个人日记、邮件和信息时，这真的是大事情。

与家庭成员讨论签订保护个人隐私的合同。你可以亲自起草一份协议或者大家一起起草，合同要列出家里尊重隐私的基本规定。如果你认为敲门才能进入你的房间，这一点对你非常重要，那就把它写进协议。协议还可以包括另一条规定，兄弟姐妹之间要用别人的东西需征求对方的意见（而不是随便拿去）。当家庭成员都同意协议里的条款后，让大家一起签名。

提示

保护隐私合同样板

妈、爸、Kala和Phil同意尊重家庭每个成员的隐私。签订本合同的目的在于提醒大家：每个成员都需要自己的个人时间，同时要尊重个人物品的所有权。一旦签名，就同意相互尊重并尊重其个人物品。我们同意每个人都拥有自己的个人空间，如果需要个人空间，就要礼貌地告诉大家。

签名：

Mom，Dad，Kala，Phil

协议与争议

你和你的家人都想办法避免在家里对敏感问题产生矛盾。你可能也善于与家人一起解决那些会产生意见分歧的问题。但是，如果对某一事情你与父母无法达成一致的意见，那你该怎么办？你可以同大家一起讨论并达成每个人都能承受的让步。

例如，你近来对零用钱有些意见，就要礼貌地和父母讨论此事，并提出零用钱不够用的原因。下面就是如何讨论的例子：

你："老爸，我们能谈谈零用钱吗？最近我发现每个星期的零用钱都不够用，我想应该要比过去多一点。"

父亲："我认为你的奖金已经够高了，有时你都没有完成该做的家务。"

你："这点我知道，如果我答应完成那些家务活，你能提高我的奖金吗？"

父亲："我怎么相信你会做好呢？"

你："给我一次机会证明给你看，就两个星期，如果没有比以前好，你可以按原来的奖金不变。”

父亲：“听起来不错，你知道，其实我还想让你多干点别的活，再额外给你钱呐。”

你：“太好了，我把这记下。”

> 父母和我看问题总不一样，我想尽方法去理解他们，但确实很难，要是他们能多听听我的想法该多好啊。
>
> ——Cheryl，13

把你和父母达成协议的内容打印出来，一式两份，你保留一份。如果你把协议放到每天都能看到的地方，你就更加容易记起你答应过做的事情。只是承诺还不够，还要守信。

当你与父母达成协议后，一个月左右你都能坚持完成自己所承诺的事情，你会觉得这已成为生活的常规。可能还发现，你和父母已不再就这些事情争吵了。这时你可以考虑签订新的协议。

假如你和父母一直对你混乱的房间发生争吵，也许你对地板上凌乱的杂物和一堆堆未洗的衣服感到无所谓，而你父母却非常反感。你和父母双方能否有所让步，通过协议来解决这一问题？你的协议可以按照下面的方式：

你同意：

- 每天上学前整理好自己的床
- 应该每星期至少倒一次垃圾
- 不要把衣服丢在地板上

父母同意：

- 不再批评你的房间
- 控制自己不再唠叨你的清洁问题
- 实在受不了房间凌乱的状况，就把房门关了

如果违反了大家一起签订的协议怎么办？要事先设定惩罚的形

式，这样每个人都知道会有什么样的结果。

如果是你违反协议，要承认自己的错误并道歉，为你的行为承担责任是成熟的表现。如果是父亲或者母亲违反协议的规定，你要找他们谈谈，解释你对此事的感受，然后宽恕他们，毕竟父母也是人，也会犯错误的。

虽然有的家长在重要的问题上不愿意让步，但在家里，你和大人签订的协议还是解决难题的最好方法。如果父母在某一事情上对你不公平，你可以找另一位信得过的长辈谈谈。了解到别人的观点有助于你对整个事情的全面理解，还有可能为你和父母之间找到更好的解决方法。

尝试 **家庭会议**

提出协议或者争议的最佳时间是在家庭会议的时候。下面是举行家庭会议的七步方法：

1. 指定时间和地点　决定多长时间开一次会（一月一次、一周一次和每当有重大事情时）；什么时候开会（晚饭后、作业后)；在什么地方开（饭厅、客厅）。还可以设定每次会议要讨论多长时间，以免拖延时间。

2. 设定一些基本规定　重要规定包括尊重每个人的发言，不要打断他人的话题，保证不要取笑、抱怨，也不要提高声音说话。

3. 决定每次开会的方式　每次会议要以轻松愉悦的方式开始，即使是讨论有争议的问题也一样。有的家庭是以每个人谈谈当天自己的事情开始：有什么好事发生？有什么新奇的事情发生？

4. 轮流说话　有的家庭把“说话棒”传给准备说话的人。如果你认为必要，可以自制一个说话棒，用任何东西都可以。比如，一个木汤匙，涂上颜色或简单修饰即可。任何人拿着说话棒讲话其他人都不能打断。

5. 决定会议如何进行　谁主持会议（无论你们家想给这一职位什么名称都可以)？会议主持人多长时间才轮换——每个星期或每个月？是否每个家庭成员都有机会主持会议？

6. 决定如何处理发生的事情　某人需要道歉吗？是否要达成一致的意见？想办法每次会议都能解决所提出的问题。不要放弃！

7. 提出结束会议的方式　寻找一些积极乐观的东西结束会议。例如，用一句有趣的口号结束每次会议，也可以让每个成员说一句赞美其他家庭成员的话或表达感激的话语。

定时在同一地方分享思想、意见或误解，并讨论解决方法，这是非常有益的。这种会议是建立健康和谐的家庭关系的积极举措，能使家人变得更加亲近。

第三节　家庭难关

虽然良好的沟通和家庭会议能解决和防止许多家庭问题，但这些方法还远远无法解决所有家庭的具体问题。有些家庭问题太大或太严重了，以致找不到解决的方法。这些问题都是大家希望避免的：你的或者你朋友的父母经常打架或最终离婚；某一家庭成员得了重病，或出现很多经济上的问题；有些是因为单一父母没有能力抚养，他们要在孤儿院度过一段时间。

初中时期，很多青少年都经历过家庭的艰难状况。在这一时期——无论遇到父母离婚、和继父母居住、失去亲爱的人、搬家或者失去家园等等——会自然地产生痛苦的情绪，如愤怒、负疚或者悲伤。重要的是要记住，你家庭所有的这些变化都不是你的错。

面对家庭的艰难状况或重大变故，你应如何应对？这在很大程度上受到你生活中的长辈应对危难事件的方法的影响。虽然一开始时觉得很难应对这些变故，但随着时间的推移，艰难的状况会逐步改善，或者你会慢慢找到更好的应对方法。当你对家里某一事情感到心烦时，最重要的是及时同父母交流你的感受。也可以找一位朋友诉说，特别是有过相似的经历的朋友帮助更大。

建议

当家里不安全时

在家里，你有权利感到安全和受到保护，免遭伤害或虐待。如果你感觉到不安全，最重要的是马上寻求帮助。告诉你信得过的长辈，可以找你大家庭的亲戚（如姑妈、叔叔、祖父母），也可以找学校的人（如老师、教练或顾问），或者其他导师。和别人谈论自己的家庭问题有时会觉得尴尬，但是为了保护你家庭的隐私而把问题封锁在你的心里，将来还会伤害到你。如果你找不到一个可以信任的人交谈，拨打热线电话，可以帮你找到所需要的帮助。

第四节　兄弟姐妹情谊

如果你有兄弟或姐妹，你就已经知道兄弟姐妹之间的竞争是生活的自然现象。你可能有一个弟弟或妹妹经常背后说你的坏话而使父母找你的麻烦，或者他经常拒绝做他该干的活；或者你和他之间有很多相互嫉妒和戏弄的事情。当你和朋友准备出去玩儿时，有一个小弟弟坚持要跟着你，你肯定很烦；或者一个小妹妹经常闯进你的个人空间（这是兄弟姐妹之间最常见的事情，特别是共住一个房间），你也烦。

兄弟姐妹之间不可能总是相处得很好。有时你们的争吵只是为了争夺一个舒服的座位、谁慢一点起床或者别的小事情而已，你们之间冲突的真正原因是获得父母更多的关注和爱护。

只要你们俩在一起，你和你的兄弟或姐妹就开始计算谁得到父母更多时间的关注——你们俩并没有意识到自己为什么这样做。实际上，每次你们都会说，“妈，太不公平了，他得到的比我的多！”或者“爸爸，现在看着我！”，而你们真正要说的是，“要表明你也爱我！”在家里无论你是第一个出生的孩子、中间的，还是最小的，都会碰到上述的情形。家里有兄弟姐妹的人都会担心自己是否得到该有的那份爱和关注。

一定要记住的是，有一个弟弟或妹妹就像拥有一份特别的礼物。兄弟姐妹能成为你最好的倾听者、建议者和秘密保守者，但这些都需要你们以爱和尊重为基础建立亲密的关系才能做到。

无论你和兄弟姐妹的关系很好或者不太好，你都可以想办法加以改善。下面是一些建议：

每天做一件事情（无论大小）以表达对兄弟或姐妹的爱　说一句好听的话、赞美的话，或者帮助做家务和家庭作业。

每个星期一次，抽空一起进行两人都喜欢的运动　这是一种有益健康的竞技活动，同时又有乐趣。

相互信赖　你可能和父母的关系很好，但他们不可能每次都理解像你们在这个年龄段认为重要的事情，所以，同你的兄弟姐妹谈论这些事情更为有效。记住，秘密需要自己保守，如果你把你们之间的秘密说出去，你们就不可能再相互信任。（有一个例外的情况，如果秘密让你对兄弟姐妹的安全感到担心时，你就要找父亲或母亲帮助。）

相互提供支持的建议　这是兄弟姐妹之间能做的最好的事情——尤其是他们之间了解和理解得那么深刻！

如果你有妹妹或弟弟，想想他们帮助你的方面　小弟小妹乐意看到自己有所帮助并能参与其中。如果你想有人帮忙做家务，就可以叫小弟小妹加入；如果你把东西放错地方，小弟小妹就能帮你找出来，像爬进床底下或者从其他你没想到的地方找到。想想其他兄弟姐妹能帮助你的方面，记得也要回帮他们。

如果你有姐姐或哥哥，想想他们能帮助你的方面　因为你的哥哥姐姐比你年长，他们对生活的了解会比你多一些。和他们交流了解他们所犯过的错误及经历过的教训，并了解初中对他们来说是什么样子。

一起欢笑　相互说笑话，一起猜谜；一起观看有趣的电影；在兄弟姐妹的面前展示你的模仿秀。干一切能带来欢笑的事情！

查阅

家庭变故网

www. familieschange. ca

本网站对影响家庭生活的重大变故像离婚、与继父母一起生活提供应对建议。

圣约之家

www. nineline. org

本网站有丰富的信息，可以帮助你在家庭遇到困难时能更有效地应对难题。

我姐姐是我最好的朋友，我们是孪生姐妹，所以有许多共同点。

——Enyce，11

第五节　与家人保持亲密关系

家人是生活的重要部分。无论现在还是将来，爱你的人都是支持你的坚强后盾，但这并不意味着你同父母、兄弟姐妹和其他家庭成员的关系总是那么融洽。如果你要非常努力才能与你所爱的人交流，你就要思考是什么原因使你们的交流如此之艰难。建立家庭会议的制度，以便每个人都有机会表达自己的观点，然后逐步解决出现的问题。

加强与家人的沟通联系有多种方式，如果你想培育家庭的团结精神，可以尝试如下的七种方法：

举行家庭晚会 你可以一个星期一次或一个月一次或者随时举行家庭晚会。可以选择任何一天晚上并在日历上标明，以便大家都记得。晚上可以大家准备晚饭一起吃、观看影碟、参加体育活动、玩棋盘游戏或者其他家人都喜欢做的事情。

一起做志愿者 志愿为他人服务在帮助别人的同时也能提高自己的自我感觉，此外这也是你们相聚的重要时机。你们可以运用流动厨房为需要帮助的人提供食物，也可以帮助清除社区的垃圾，或者帮助当地动物避难所看护动物。在你的社区寻找志愿服务的机会。

凝聚全家人的创造能力，组成一个团队 你是否想过制作自己的电子家庭简报？每个家庭成员都可以发挥自己的才能——写文章、制作动画、编辑、电影评论、建议栏或者网上采访等等。另一个主意还可以一起创建家庭数字相册，这种人人都喜欢的长期项目还能让大家重温过去的回忆。

组织家庭度假 度假不一定要到很远的地方和花钱才有乐趣。附近露营如何？周末全家人参观当地的名胜景点怎么样？还有，就在你们家里度假如何？如果你们喜欢假期外出旅游，全家人共同努力也能节省额外开支。

建立新的家庭习惯 你们家如何庆祝感恩节、情人节、新年？

还有圣诞节、光明节、斋月或者其他宗教节日？每个家庭都以自己独特的方式庆祝这些节日，而这些时候也是家人团聚和增进感情的重要时刻。想想你家庭的习惯：每年你们都重视这些节日吗？在保持你们家的传统模式的同时，设想一些更加人性化的庆祝方式。例如：创造一些独一无二的装饰或者给每个家人亲自制作礼品。

制作家庭剪贴簿　为了让大家记起在节日、暑假或全年全家一起度过的美好时光，制作家庭剪贴簿。你只需要一个剪贴本、胶水和每个家庭成员提供的纪念品即可，纪念品包括相片、票据存根和一些良言隽语。剪贴簿每一页的排列都要体现出艺术美，可添加一些装饰。

与亲戚保持联系　家里是否有人负责给所有的亲戚寄送生日礼物和节日贺卡？你为什么不帮忙？你为什么不用自己的方式保持联系呢？发邮件并附上数字相片。更加有趣的家庭项目就是制作录像寄给远方的亲人，当然自己记得保存一份。

小　结

初中岁月是你成长和变得更加独立自主的关键时期，但家庭依然是你重要的依恋所在。这个阶段，你就像一只准备出海的小船：前面充满乐趣和风险，而你知道在不远的地方有一道舒适的港湾，当你遇到风高浪急的时候随时可以停靠，难道这样不好吗？

你知道家庭生活不可能永远风平浪静，但牢固而亲密的家庭关系却永远都是支持你的坚强后盾。

第五章

结交朋友，维系友谊

中学时代的友谊非常重要。你可能花很多时间与同学在外面玩耍、读书、打电子游戏、体育运动或做其他活动。确实这些有趣的活动都能加强同学之间的友谊。然而，中学的社交场合也充满挑战。进入新的学校意味着你上课时会接触新的同学，午饭时要碰到很多新脸孔。为了交朋友，有时要放弃原有的朋友，而与所谓“更受欢迎”的群体出去溜达。往往有些小团体，就是用这种手段排挤或嘲笑他人。要应对这种情形确实不易，而秘笈五能为你提供帮助，无论在中学还是将来走进社会，都能在帮你寻找朋友、交朋友和维系友谊方面提供有益的建议。此外，本章还为青少年的约会提供参考建议，这也是中学生最想了解的一方面。

第一节　友谊是什么？

儿时，你往往和自己的邻居交朋友；长大后你的生活发生了很大变化，有了新的兴趣，会参与不同的活动，更自主地做自己想做的事情，而所交的朋友也大不相同。在学校，许多学生随着班级的变化而变换宿舍，因此会碰上很多新同学从而有机会结交上新朋友。

交朋友

简单来说，交朋友也就是认识新的伙伴。如果你天生性格内向害羞，你可能觉得交朋友很难，而一旦建立起友谊，你就发现这个过程也非常容易。一个简单的建议就能使你受益匪浅：表现出真正的自我，不要刻意假装自己的行为去吸引别人对自己产生兴趣或使他人接受自己，真正的朋友喜欢真实的你。

我一直保持联系的大部分朋友都是从小学开始认识的，而不像现在在中学校园里经常出现新的群体，今天加入这一社团，明天又改入另一个。

——Amir，12

过去大家都一起参加小组活动，但现在不同了，有的人喜欢出去，而有些人却不愿意同某些人一起出去玩儿，所以我们不得不更加认真地思考相处的问题。

——Matthew，11

在中学交新朋友并不难：在课堂上、宿舍里或运动队里主动和别人说话就可以交上朋友了，但要保持朋友关系就要与他人有某些共同爱好。

——Shana，13

查阅

男童子军协会

www. scouting. org

该网站能查找男孩参与的远足露营、户外冒险和社区服务项目等。

女童子军协会

www. girlscouts. org

该网站专为女孩提供拓展活动，从体育运动、科学探究到职业咨询，应有尽有。

走出校园　朋友不可能总是神奇般地出现在你的门前。你要了解你的邻居和自己社区的情况：是否有你能参加的运动队？当地的娱乐中心能否加入？也许能加入社区主办的俱乐部？周边的人怎样找乐子？

融入学校　参加学校课后活动是认识他人的最佳途径。你的兴趣是什么—— 戏剧、写作、艺术、运动、社区服务、计算机或音乐？中学有大量的课外活动，找到自己的所好，然后参加这类活动。

友好待人　你会惊奇地发现人们对别人的微笑和友好的问候的反应非常神速。为了打破僵局，你可以向别人了解所布置的课后作业，谈论你的科任老师或刚上过的那节课。有人响应你的话题之后，就要想办法使交谈继续进行，学会提问题并表现出对所谈论的话题相当关注，因为大部分人都喜欢说与自己相关的事情，更乐意看到别人专心倾听。

如何判断谁是潜在的朋友？你对他有某种亲切感；或许你们之间有许多共同点——你们喜欢同一类型的笑话和相同的活动；有时你和你的朋友可能差异很大——一个擅长体育运动而另一个却擅长社交，但你们都相互敬慕对方的优点，在一起时能取长补短。

如有兴趣想了解学校里的某个同学，可以邀请他参与一些有趣的活动：套圈圈、骑单车或简单地在一起吃午饭，也可以邀请你所喜欢的人一起举行聚会，以便加深了解，这样你很快就会接到别人的邀请。

与朋友分享乐趣的建议

与朋友在一起时你喜欢做什么呢？也许你经常和朋友逛街、玩电脑、打游戏或简单地阅读课本。想要一些与朋友分享乐趣的点子吗？可以尝试如下的方法：

- 与朋友一道参加一种新的体育运动或学习某一乐器，也可以组建自己的乐队。
- 与朋友一起参加社团，或组织你们学校或当地还没有的社团。
- 志愿参加有利于社区的活动项目。

- 组织游戏活动多样化的户外聚会，并提供丰富的食品。
- 与朋友一道做小生意：洗车、剪草坪、制作手工艺品出售、设计贺卡，照看他人的宠物或一起寻找其他赚钱之道。
- 组织阅读沙龙，选择一本自己喜欢的书，然后让沙龙的每个成员都从图书馆或书店找到相同的版本阅读，之后一起交流读书心得。
- 参加新的社团或青年协会，如女童子军、男童子军或少男少女社团。

成为好朋友

你们是不是好朋友？如何判断？你可以问自己是否能做到……

可靠　每次承诺回头给朋友打电话，你是否都打了？与朋友约好的会面是否按时到达？能否保守朋友之间的秘密？当朋友需要帮助或建议时，你是否马上到位？

忠诚　朋友是否信赖你的支持？在生活中，你是否优先考虑到他们的感受？

乐于助人　你是否鼓励朋友每次的努力？是否乐于倾听朋友的诉说？是否经常赞美朋友的优点？你是否善解人意、乐于助人？

细心体贴　你是否经常关注朋友的情绪变化？是否想方设法理解朋友的观点？

尊重　你是否以自己最喜欢的待人的方式来对待朋友？你是否欣赏朋友的独特能力？

如果你对以上问题的回答都是肯定的，那祝贺你，你是一位真诚的朋友，具有优秀的品格。也许你对以上问题的回答大部分都是肯定的，那你还能成为别人的好朋友吗？当然可以，但你还有某些方面值得改善。

思考自己需要改进的方面：你能否经常主动打电话联系朋友？能否更认真地倾听朋友的诉说？经常赞赏朋友？更多考虑朋友的心情变化？更加尊重朋友？为了成为更好的朋友，每周为他们多做一件事情。

如果遇到你的某个朋友要求你按照他的交友之道行事，那该怎么办？要把自己的感受完全告诉他可能不太容易，但交流是有帮助的。如下是应对这种情形的建议：

找适当的时间交谈　寻找一个僻静的地方与你的朋友交谈，这样就不用担心别人干扰或听到你们的谈话。

诚实且直率　不要有任何责备朋友的言辞，只是平静地解说自己的感受。

认真倾听　若你希望朋友听你的诉说，你自己就要先认真倾听朋友的说话。

> 最好的朋友就是那种平时关心你，一旦有什么事情总是站出来支持你的人。
>
> ——Chris，13

> 朋友就是经常对你好，和你说话，有事愿意为你出头，且当你忘记带午餐又与你分享他的午餐的人。
>
> ——Brianna，12

> 好朋友是值得你百分之百信任的人。
>
> ——Jorge，12

当你不能与朋友和睦相处时

友情也会经历高潮和低谷的时候。有时你和朋友的关系亲密无间，几乎像家人；有时你们俩都相互生气，你还怨恨不知当初怎么想的竟然和她成了朋友。当你们的关系不和睦时，如何才能保持友谊呢？尝试下面解决冲突的方法。

1. 找出真正的问题所在

有时冲突太激烈了，以致当事人都记不清吵架起因是什么，或许争吵已把问题的真相掩盖。例如：

勒妮（Renee）因为自己的好友爱耶莎（Ayesha）最近总是与学校里另一位女孩在一起而感到受冷落并生气，勒妮又不愿意把自己的感受告诉爱耶莎，她反而通知爱耶莎星期五晚上不用过来找她了。可她们事先约好了周五要聚聚的，爱耶莎就急切地问勒妮为什么不要她过来，勒妮只说她刚刚改变主意，可这样爱耶莎也觉得自己受到伤害并大为恼火。

找出真正的问题，双方都要坦诚面对自己的情感。

2. 思考解决问题的方法

尽可能想到更多的方法，并把相关想法列举出来。

3. 最好找到双方都赞同的方法

双方各自最希望看到什么样的结果？是否有更简易的方法？如果没有，是否有折中的方法？这里解决问题的目标就是要达到双赢，使这件事对双方当事人都能产生积极的影响。例如，下面的情形应该采取什么方法才能有效解决？

伊万（Evan）一直学习吉他，他的音乐教师建议他加入学校的乐队，伊万决定参加学校的乐队排练，可他的好友麦克（Mike）知道这件事后大为恼火，因为伊万现在每星期四放学后都要到学校乐队训练，而以前这个时间他会到麦克的家去玩儿。虽然伊万感到有点内疚，但他也生气了，因为他觉得麦克的行为显得相当自私。

可能选择的方法包括：

- 伊万停止参加学校乐队的训练，继续像以往那样到麦克家玩：这样对麦克当然有利，但伊万却失去了在乐队训练提高自己能力的机会。

● 星期四下午麦克独自待在家里，而伊万到学校乐队训练：这样留在乐队学习吉他对伊万来说当然很好，但麦克整个下午都会感到无聊郁闷。

● 伊万和麦克继续相互生气并结束双方的友谊，两个男孩因为都不能让步而失去了一位好朋友。

● 伊万继续留在乐队，麦克加入象棋俱乐部，也是星期四下午练习，这样两个男孩就可以星期三下午一起玩。双赢。

现在的目标就是找到使双方都满意的解决方法。

4. 道歉

每个人都应该学会道歉——真诚地道歉。相互宽恕就能化解矛盾。

5. 运用小幽默

没有任何东西能比笑声更好地缓解紧张的场面。严肃的交谈之后，讲讲笑话或提起从前所做的古怪好笑的事情，效果会更好，欢笑的时候怨气自然消除。

友谊误区/陷阱

有时你会不由自主地产生嫉妒之心：可能因为你最好的朋友几乎不怎么学习而所有的课程考试都得 A；又有可能因为另一个朋友非常自信，并且讲话得体经常引发大家开怀大笑；相反，你无论学习如何努力，而考试总是只拿到 B，在社交场合你基本保持沉默，因为你不知道该说些什么才好。其实你内心根本不想因为这些事情产生嫉妒，但往往情不自禁地发生了，那该怎么办呢？

首先必须承认偶尔产生嫉妒属于正常的现象，但不能让妒火吞噬你的心，使你无法与周边的人交往。相反，你要常常想起自己取得的成绩：你刚刚组建的排球队、作业获得好评、教你妹妹学会滑板等等。经常想起自己的优点能防止嫉妒产生。

还要记住当自己的朋友有什么好事时，要为朋友感到高兴，这才是支持朋友的方式。如果你还是不能完全克服嫉妒心理，就要自问：朋友身上是否有某些你渴望拥有的品质？如果有，是否有方法学到或获得？不要把自己的精力浪费在嫉妒他人的身上，而要设定自己的目标然后逐步达到自己的目标。这样你就会更加关注自己（而不是你的朋友）；思想积极，还能发展自己的优点。

有时嫉妒是掩盖自信心不足的体现：也许你觉得自己不如朋友那么聪明、英俊、自律、敏捷、友好或自信等等。与其寻找那些不符合自己的实际方法，不如思考自己能引人注目的能力：你的优点有哪些？什么是你的特点？做什么才能使你快乐？

如果你背叛了自己的朋友，那该怎么办？是否有方法修复这段受伤的关系？首先向朋友承认自己所犯的错误并道歉。道歉表明你在乎与他的友谊，而且想修复关系。如果你的道歉非常真诚，好朋友一般都会原谅你、宽恕你。你可以再次向朋友承诺永远不背叛并信守自己的诺言。

如果有朋友背叛你，就要找他出来把事情说开，让他知道你的感受。如果朋友向你道歉，你就要宽恕他并把对自己的伤害抛之脑后。与任何人建立起的友谊都值得我们去珍惜。

我的一位朋友似乎拥有一切，我真想自己能换成她。

——Jhumpa，11

当友谊结束时

虽然任何友谊都值得我们珍惜，但并非所有的友谊都能永久保持。人不断地变化，所以人与人的关系也会变化。有时朋友长大后离开原来的地方，再也无法联系上；有时朋友之间的矛盾没有得到解决，友谊就这样结束了。如果曾经有朋友离开你，你就会明白其中的伤害。减轻伤心的最好方法就是积极参加自己家庭和学校的各种活动。

在某些情况下，你不得不结束友谊。个别朋友的所作所为让你异常反感——如吸毒或偷东西；还有的对你过于苛刻且不允许你与他人交往。结束友谊是很艰难的，你又不想伤害到他人，那该怎么办?

在结束友谊之前，先判断两人之间的友谊关系是否还有修复的可能。有时一次真诚的谈话就能拯救友谊；而另一种情形是，你已努力交谈多次，但保持友谊的希望已不复存在，如果是这样，可以选择下面两种不同的方式结束友谊：

1. 诚实地告诉对方，你要同他终止朋友关系

这一选择显得很难，但还是值得尝试。当你诚恳地告诉对方，他/她就能清楚知道你的立场。

下面的话语可作为参考样板：

- “我们成为朋友很长时间了，但我现在对你已没有从前那么亲密了，你是否有同感?”

- “去年我们的关系非常亲密，但今年我参加了很多新活动，而你也有了不同的兴趣并结交了许多新朋友，可能我们都没有时间关注对方。”
- “我感觉到你感兴趣的东西都不适合我，今后我就不再陪你出去玩了。”

2. 你可以通过参加你的朋友不感兴趣的活动，逐渐结束友谊

这种方式会显得轻松容易一点，但不能像第一种方法那样让对方明确知道你不愿意与他做朋友了。事实上，需要很长时间才能让两人的友谊逐渐消减，有些人不乐意看到友情一瞬间中断，反而能接受友情慢慢消退。你认为哪种方式适合你就选择哪种。

网络朋友与隐私

很多中学生都喜欢通过互联网与朋友联系并在网上一起玩游戏，也有许多学生喜欢使用手机传递信息。所有这些活动方式都能带来快乐，但会消磨很多时间，所以你要平衡好花在网络虚拟世界和现实世界的时间。请记住这些重要原则，并形成良好的习惯。

保护好个人信息　在互联网上你可能结交许多“朋友”，但在网络上透露有关个人信息（如全名、地址、电话号码、学校地址和运动队名称）等于把自己暴露给全世界。进入网络虚拟世界或上网玩游戏时的情况是一样的。因此你要创建一个新的网名，就不需要说出自己的相关信息（如年龄、真实姓名或家庭地址）。此外，没有经过父母的同意，不要随便进入某些程序或网页，因为这些程序只不过是为了收集他人的个人信息。

如果你在网站存放个人档案资料，你就要关注这些隐私资料的环境。首先要保证资料隐秘，或把已经知道你的资料的朋友的名字列出来以防不测。还有，如果你使用的手机能显示你通话时的地理

位置，就要保证这些信息只能让那些信得过的朋友知道。还要记得重要的一点，就是尽量不要与朋友分享个人信息。

个人相片上传到网络上时要谨慎　一旦你把相片传到公共网站，传递结束时并不意味着其他地方也会把相关信息删除，这些相片非常容易被盗取和任意篡改以损害你的名声，所以对此必须小心。使用网络摄像头时要事先征得父母的同意，因为你不清楚电脑的另一端到底是什么样的人。一不小心就会让另外的人在不知不觉中了解到你的信息，例如，如果当时你穿着学校运动队的衣服，他就能判断你在哪里上学。

现在许多手机、手动游戏机/轻便游戏机和其他的电子用品都有摄像头，人们非常容易地拍下你的相片或录像并上传和挂到互联网上。所以要求你的朋友尊重你，不要让你的相片在网络世界飘荡。

不要共享密码　另一个要谨记的事情是不要与他人共享密码，朋友也不行。朋友关系密切时一般没问题，一旦你们的关系改变后，以前的朋友就会运用你过去的信息和密码干一些你不愿意看到的事情，短时间内你的个人声誉就会受到极大的伤害。

警惕网络暴力　在网上传播和粘贴虚假的信息、不道德的事情和伪造的图片等都是严重问题，对中学生来说也一样。也许你或者你认识的人曾经身受网络虚假信息和谣言的伤害。这类网络暴力危害性极大，有的甚至导致人们自杀。这就是为什么在网络上不要欺侮他人也不要轻易把个人信息放在网络空间重要原因。如果你曾经受过网络暴力的伤害，就要马上告知家人或学校老师。

注意可疑行为和邮件　如果新网友要求与你会面，或者了解许多关于你的私人问题，那你就要小心谨慎了，特别是上网时若有人骚扰你或要求你谈论性问题，要马上告诉长辈。还要注意人们所发的邮件和文档都有可能带有攻击电脑的病毒，不认识的人所发来的邮件和文档最好不要打开。

与父母交谈　要询问父母，了解他们期望你使用互联网的目的。如果你还不太清楚父母期望你上网干什么，或者你花在网络上的时间过多而引起他们的不满，那最好与父母签订协议，规定上网时哪类内容不能打开，哪些内容可以浏览，你还可以与他们一起上网浏览和讨论相关的内容。

此外，还要想到：当你上网聊天或发信息时，你并非真正和别人在“一起”，所以不能让上网的时间过多而占用了你与现实世界的亲人和朋友交流的时间。

查阅

互联网安全网址

www. netsmartz. org

访问此网站了解如何安全上网。

时尚少年

www. nsteens. org

影像、游戏、动漫和许多生活真实故事使你了解网络世界的乐趣和安全。

第二节　面对难题

一般来说中学时代相当精彩，但并非时时刻刻如意：结识新伙伴、加入小团体、球场上的争夺和来自同伴的压力……这就是中学的现实生活。有时这些问题很棘手——但并不是无法解决。

例如，当你一天放学回家时，发现父母正在讨论搬家的事，那该怎么办？马上你就要搬到新家和去新学校——这意味着你要重新融入一个新环境。虽然有时你也渴望搬去新的地方，但在新地方也需要勇气才能交上新朋友。

虽然搬到新的地方社区不会搞任何欢迎的活动，但在学校里很多学生会想办法来了解和认识你。如果他们表现友好，那就可以和他们坐在一起吃午饭，并请求一位带你看看校园，也可以让他把你介绍给其他同伴。要观察是否也有新人——他们更高兴认识和自己一样的新人。一定要多参加学校的活动——在活动中能认识许多与你兴趣相同、能力相近的同学——这些人都是潜在的朋友。

如果你还不知道如何接近同学，就要练习一下自我介绍的方法和开启话题的技能。当然也不用像背诵整篇喜剧台词那样，只要想方法简单说出“嗨，我名叫……”即可。

当你和新认识的同学谈话时，一问到对方，就要认真听其回答。大多数人都喜欢别人认真听其谈论。（此外，在你和他将来的交往中还有大把机会介绍自己的情况。）

当你交上一大群新朋友之后，你自然觉得比以往舒坦：午饭有人与你坐在一起吃，课间有人同你聊天，放学之后和周末都有人陪你玩儿。所有这些都能让你产生良好的感觉。

校里校外

任何学校的学生都有自己的小团体。他们经常一起出去玩儿，他们有共同的兴趣爱好——体育运动、音乐、对某一学科的喜爱，等等。甚至在小学的时候，人们就议论哪个小团体更受欢迎，虽然在小学阶段这种出名并不像在中学那么重要。

在中学，很多小团体还有他们的外号。很多学生都知道应该“加入”哪个团体，“不该加入”哪个，或处在某些团体之间。遗憾的是，团体的外号成为界定这一群人的方法，或用来判断某人在这一小团体中的地位。

只要平时有好朋友在一起就行了，所以很多青少年并不在意他们加入什么样的团体。他们也清楚外号并不意味着什么，但有些学生还是想尽方法加入其中。他们模仿小群体的服装、说话语气，期望能被接纳，且通常是越难以加入，他们越渴望争取。

你是否为了加入某一小群体或为了更受欢迎而改变过自己的形象？如果你曾经有过这样的经历，那是很自然的，许多人都一样。很多青少年都盼望着能在新的学年有机会加入“更受欢迎的”小团体。

要使自己广受欢迎的真正秘诀就是保持自我的特点，你应该早就听说过这点，因为这是普遍认可的真理。与其艰难地改变自己的形象，不如顺其自然地保持自在的自我。参加自己喜欢的球类运动和学校活动——不要因为谁“酷”而刻意参与；穿自己感到舒服和自我感觉良好的衣服——不要刻意去迎合某一群体的风格；不要以为自己成为班中的小丑或贬低自己的智力就能得到群体的接纳。就算平时不够自信，也要表现出充满自信。

最重要的要记住，受欢迎的程度并不是衡量你人生价值的刻度。你喜欢自己什么样子，就怎么样表现自己。对自己感到满意的人也能让周围的人感到满意，这样他们在一起才能觉得有趣。

知名度并没有那么重要，它是校园生活中额外的东西——没有它你一样过得好。

——Donna，13

当我一进中学时，确实非常想出名，但到了八年级，我完全意识到有一群好朋友更重要。

——Marcus，14

我认为在中学你可能顶着很大压力去做自己认为不对的事情，所以需要朋友与你分享人生价值观，以保证自己走正道。

——Maya，12

应对来自同伴的压力

在中学来自同伴的压力比以往更大：当同学或校园里的其他朋友想办法说服你去做自己不喜欢做的事情，你就会感觉到来自同伴的压力。有时迫于压力所做的事情并没那么严重——如你穿的衣服或你加入的社团；你观看的电视连续剧或课后的活动。但有时你感到压力很大，因为朋友要求你所做的事情的后果非常严重——如喝酒、欺负其他人、使用毒品、吸烟、写色情语句或偷东西等等。这些都是负面的危险行为。如果有人催促你冒险去干这些不好的事，那该怎么办？有时你可能受到诱惑才干别人要求你做的事情，而只有你做了才能离开。在开始行动之前，先深呼吸并想办法看清楚当时的环境：所有的朋友都逼迫你，还是只有一两个？如果只有一两个人要求你干自己不想干的事情，那就可以争取其他朋友站在你的一边支持你，这样就可以倒转压力。如有人支持你，你就会感到更加安全。

另一种情况，你可能要独自面对压力。保护自己需要勇气，而面对一大帮人说“不”，意味着自己既丢脸又将失去朋友。

在确定做什么事情之前，必须先考虑所存在的风险：你的行为会带来什么后果？是否会影响你的身体健康、人身安全或今后的前途？如果你拒绝他们，你会担心他们对你的态度发生变化，那你就要自问他们的意见对你来说是否那么重要。坚持自己的意见会有什么危险？决定之前要充分考虑自己的选择。

不争的事实

面对同伴的压力，如果有时你非常想让步，那也是正常现象，虽然许多专家认为中学时代是人们承受压力的最佳时期。好消息？加入中学之后，同伴的压力所产生的影响远远小于其在小学的时候，因为这时的中学生具有较强的自我意识：他们想成为什么样的人，这使他们更加容易地反抗别人强加来的压力。当你能对抗来自同伴的压力时，表明你已成熟，这绝对不是坏事。

你如何拒绝并能清楚表达？你又如何保证别人愿意听你的并尊重你的决定？要养成说话直截了当的习惯，这样就能坚定地说“不”。像“哎，啊，我认为不是这样，对吗?”听起来就不肯定，也非你的原意。当你独自一个人时，可以练习说话内容和如何能说得更肯定。下面有几点建议：

表现出幽默感　开开玩笑或说一些轻松有趣的事情，例如，朋友要求你跟着他们一起吸烟时，你可以回答“我父母会打我的”或“吸烟会让人长不高，我还要进入篮球队呢”。

使用坚决的“不”　你不必要大声喊叫，只要肯定地说出来即可。如“不，谢谢”或“我对那个不感兴趣”，你练习说得越多，越容易有礼貌且坚定地回答。

想好借口　值得借鉴的有“我的教练会杀了我”或“我真的迟到了，快跑”或“我真的会呕吐和生病”。(这样就能使自己从困境中摆脱出来。)

有些人容易把肯定的回绝和敌意的拒绝混淆。如果是肯定的回绝，你是在为自己辩解、尊重自己和自己的决定，并诚实地把自己的意见告诉朋友，没有一点儿奚落朋友的意思。你既没有强迫他人像你那样思考，也没有要求他人按你的方式行事，只有那些强迫他人的行为才是充满敌意的。敌意会使你周围的人产生反感，而肯定的态度能赢得别人对你的尊重。

如果你还不善于肯定地回绝对方，那就有必要花几个星期的时间来专门练习肯定拒绝的语言技巧。可以对着镜子彩排训练，也可以请一位家人陪你练习（家人充当你的朋友给你施加压力，这样你就可以练习明确说“不”），练习可以持续到你能非常自然地说出“不”为止。

无论如何我都不干自己感觉不对的事情，我的朋友要尊重这点。

——Alcides，13

应对小团体

加入某一群体并没有什么错，因为在学校有一群支持你的朋友相当重要。但当这一群体朋友把他们自己封闭起来，不向外人开放，他们就变成小团伙。有些小团伙把别人驱逐出外或让他人感到自卑，这类小团伙的成员自认为比别人“优秀”或比他人更加“特别”，因为他们不轻易同意其他人加入，所以团伙的成员总想法使圈外人相信他们的小团伙非常值得期待。

并不是团伙里所有的成员都明白如何待人，他们根本没有意识到把一些人排除在外会使这些人感到不受欢迎。这也是为什么有些人想成为小团伙成员却感到困惑的原因，并且要分清楚一群好朋友和小团伙的区别实在很难。下面一些提示能帮助你明白两者的区别：

朋友：接纳所有人

小团伙：排除其他人

朋友：相互忠诚

小团伙：相互利用

朋友：相互喜爱，也喜欢朋友之外的人

小团伙：看不起别人

朋友：张扬个性

小团伙：要求每个成员都一样

朋友：既喜欢在一起又能高兴地独处

小团伙：几乎没有见过他们单独存在

如果你已成为某小团伙的成员，那该怎么办？首先要问自己这是否是你所期望的。通常，小团伙的成员一开始都会产生归属感和安全感，但慢慢地你就会发现某些成员意在控制他人。还有，你不得不遵守小集团组织的各种规定，包括如何穿着、说话和行事。这就是同伴压力的来源所在。

加入某一小团伙对你有多么重要？干自己认为不对的事情仅仅是为了让团伙的成员认为你很“酷”吗？如果你曾经当成好朋友的人现在把你搞得痛苦不堪，就应该是离开小团伙的时候了，你还可以在学校和你的社区交上新朋友。

你千万不要拿自己的独立自主与小团伙的依赖进行交易。一些友谊值得珍惜，而另一些朋友没有也罢。

查阅

超越影响

www. abovetheinfluence. com

无论你是谁，不需要妥协就能适应各种校园环境而发展自己，本网站归纳出多条秘诀。

学会沟通，融入校园

www. teachingtolerance/mixitup

让你了解学校如何使学生学会融入集体，鼓励大家走出以往的交往群体而与其他人交往。

应对欺凌/打架

欺凌——每个学校和社区都存在这种现象。你可能知道校园里某个人经常欺负别人，喜欢欺负他人的可能是男孩也可能是女孩，可能长得英俊也可能长相丑陋，可能在校园里较为出名也可能无人知晓。伤害他人或找别人的茬能让这些人满足其权力的欲望和保护他人的虚伪感。

你应该知道，每个中学的孩子都希望见到某些人在某一时刻成为欺负的对象。这类问题在初中阶段最为严重，而进入高中之后逐渐消失。为什么呢？也许在初中阶段出名对小孩子来说相当重要，所以有些学生为了出名而什么事情都干，包括欺负他人。如果不幸你成为别人欺负的目标，那整个初中时期你的感觉都不好过。

欺负他人可以有很多不同的方式。有的人喜欢玩把戏，他们在背后说你的坏话，然后让别人取笑你，甚至会导致你的朋友疏远你。你可能永远弄不明白自己为什么成为欺负的目标。如果你把自己的感受告诉那些专爱欺凌他人的人，他们会感到意外，因为他们认为自己的行为是正常的、有趣的，也是出名的最好方法。有时他们的所作所为是从家长或另一长辈那里学来的。研究表明，喜欢欺负他人的学生，一般都曾经受过虐待，所以为了体现自己比以前强大和更能操控他人，他们就欺凌其他人，或者他们还不懂得别的行事方式。

如果有人欺凌你，要想终止欺负，确实不太容易。下面是一些你能做的事情：

找朋友支持你　一些朋友在一起时，别人很难有机会向你找茬。

避开欺凌者　不要独自在学校的门口、浴室或其他容易碰到欺凌者的地方。

走开或跑步离开这类人　尽快跑到安全的地方。

告诉长辈　向父母、老师、校长、汽车司机或别的长者求助，如果第一个长者没有当回事，就要找另一个，直到有人帮助你为止。

坚决且明确告诉地方停止对你的骚扰　你可以说，“我讨厌你这样待我，如果你还是如此，我一定会向老师报告”。

通过网络和手机发生的欺凌事件要马上报告　如果有人通过邮件、网络广告、信息和其他的电子信函等方式伤害你及你的名声，要马上告诉大人。

你要学会用多种方法去应对别人的欺负，因为没有任何一种方法是最有效的。例如，当你和某一人同坐一辆公交车，想避开他是不可能的。有时候欺凌者会稍停一段时间，然后又开始，所以你要使用新的方法摆脱他，不要放弃。任何人都没有权力欺负你、取笑你、威胁你，也没有权力对你造成伤害。

如果你在欺负着别人，应该马上改变，因为伤害别人并不是让你感觉好过的方法，也不是让你出名的方法。当你取笑他人、冷落他人和恶语伤害他人时，已构成欺凌别人的行为。你要思考自己为什么这样做，也可以向信得过的长辈求助，征求改变这种行为的方法。

在某些学校，这种欺凌他人的行为长期以来都没有得到应有的惩罚，使其更加泛滥和严重，导致受害者悲观绝望。就算有些人知道要发生什么事，他们也因为害怕而不敢说出来。当任由欺凌的事情发生而不向学校报告，一些更为严重的事故还会出现。往往只有事后大部分人才后悔，当时要是我对他们说说或采取行动制止他们该多好啊。

如果你们没那么快就屈服，欺凌的行为就不会那么容易得逞。当你知道有人正受到欺负，关键的是要马上采取行动，如果你觉得自己还安全，就要站出来支持受欺负的人；如果你的安全还不能保证，马上去寻找大人帮助解决。

如果欺凌的事件发生在你的校园，你也可以帮助制止：告诉你的朋友们所见到的事件并向他们征求解决的方法，了解他们的情况并向受害的同学提出建议。你可以建议朋友们经常在一起并相互支持，一群朋友——就算两三个在一起——也是防止受欺负的最好方法。

你也可以与学校的老师和其他成年人一起想办法制止欺凌行为。还要记得把欺凌的事件告诉父母，当然也包括发生在邻居身上的事情，虽然很多孩子觉得很难向父母诉说，但这一点非常重要。有些孩子还认为这是闲话或者认为父母不理解这类事情，然而，碰到欺凌这类事件必须向信得过的长辈说。

每天看到许多孩子在捣乱，他们认为捣乱属于正常现象，其实不然，但又难以说服他们。

——Maggie，13

查阅

《欺凌是大脑的病痛》(*Bullies Are a Pain in the Brain*)

作者　Trevor Romain

本书是专为那些受过欺负、侮辱、威胁和取笑的孩子写的，了解欺凌得逞的原因和找到防止欺凌的方法。

马上停止欺凌（网站）

www. stopbullyingnow. hrsa. gov/kids

此网站提供防止欺凌的建议和游戏，同时拥有丰富多彩的、体现不同人物如何应对校园挑战的网络剧集。

校园暴力

你可能也听说过，有些孩子把枪带到学校，打伤或杀死其他同学和老师，也许你在学校经历过暴力事件。欺凌通常是暴力的根源。

很多案例说明，学生在校园不受欢迎，内心感到孤独，就会在情感上仇视学校的一切。当他们愤怒到极点而无法正常泄愤时，就会带着枪去伤害无辜的人和他们自己。也有些案例，学生倾向暴力是为了出名，而没人能解释其行为，虽然事后很多人回忆起当时的同学时，确实也能想到某些问题的迹象。

如果你听到某人说要打烂学校或枪杀什么人，不要认为没事，只是玩笑而已。如果听到有人对其他同学、老师和学校领导进行威胁恐吓，要马上报告大人。如果你知道另一同学带着枪或别的武器到学校，要立即告诉学校的行政领导——就算是你的好朋友也要这样做。从很多校园暴力的案例中可以看到，确实，事情发生前很多学生都听到了威胁，但他们并不把此事当真。

学校应该是安全的地方，而不是你害怕不敢去的地方。你也能为学校的更加安全作出贡献，下面是一些建议：

- 和一群有意向把校园变得更加安全的同学在一起。
- 邀请老师或领导和你一起努力。
- 通过学校报纸、广播站和网站公开和宣传你的提议。
- 就校园安全组织一次学校范围的聚会或者活动。
- 请老师帮忙联系，与社区一起共建安全校园，如联系司法部门的官员、家长协会成员和其他青年组织。

第三节　暗恋、调情和约会

如果还没有，那很快你就会发现自己对某个人的兴趣和喜欢的程度已远远超出友谊的范围。感觉到别人的魅力是正常的成长过程，因为随着身体的变化，情感也在变化。事实上，在接下来的几年里，你会发现自己变得多愁善感——一会儿情绪高涨，一会儿情绪低落——而所有这些情感的变化都与爱情有关。

通常，中学生的第一次浪漫情怀是暗恋。暗恋的情愫虽然强烈，但不会持久。暗恋的对象可能是你的同龄人，但也有很多人暗恋年龄大的——比自己稍大一点的少年、邻居、老师；还有些人暗恋自己都不认识的，像名人或体育明星。有人暗恋异性而又有人暗恋同性，且无论谁是暗恋的对象，其感情都非常强烈。然而，暗恋并不是真正的恋爱关系，因为这只是单相思。往往你所暗恋的人并不知道你的感情，而如果暗恋得切合实际，有时也能发展成为真正的恋爱。

什么是真正的爱情？这一情感既难以描述又难以理解，因为爱情展现出多层面性。例如，你对父母的爱就不同于对一个好朋友的。这种亲情的爱又大大不同于你所爱恋的男孩或女孩。事实上，你能以很浪漫的方式喜欢某人，但并不意味着你们在恋爱。

你可能在各种媒体中见过很多浪漫的情景，并憧憬着自己的爱情生活也能像大小屏幕里所呈现出来的那样。但是，现实生活中的爱情关系几乎没有那样充满激情。

如果你确实对某人非常感兴趣，那如何让对方知道呢？简单的方法就是直接向其表达情意。有的人天生就是调情高手，但很多人都需要练习。调情包括直视对方、向对方微笑、赞美对方和对方讲完笑话之后与其同笑。此外，还包括：对方所说的话都非常感兴趣，认真倾听，只要对方在场，都一直关注，毫不分心。

你可能注意到，有些人好像见到谁都调情，这种到处放电的人目的在于引起更多人对其关注，但有时这种行为会产生误解，因为调情本身就是表达你对某人有兴趣，而实际上你没有那份兴趣。一旦明白调情的威力之后，就要谨慎使用。

知道天真的调情和有害的关注的区别是很重要的。奉承对方可以吸引男孩或女孩的关注，但这种吸引关注的方法不值得推崇，因为有时这种危险的言辞会变成骚扰。如果有人用与性有关的问题来烦你，那就是性骚扰。下面有些例子：

- 男孩突然扯开女孩的胸罩扣子，并恶意评价女孩的身材。
- 男孩每次经过走廊时，女孩都对他吹口哨。
- 在公共汽车上，两个男孩坐在一个女孩后面，他们不停地讲黄色故事或笑话。
- 两个女孩在教室里不断地评论男孩的身体特征。
- 女孩把她用手机拍下“朋友”不雅的相片传到网上。
- 在健身房的换衣室，一个男孩不断地用毛巾拍打对方。

要完全了解性骚扰行为不容易，真正意识到其严重性更难。有些人总认为他们的评论和行为都是为了给大家带来乐趣，或者就是另一种调情方式，有的人甚至认为他们的言行是对受害者的赞美。如果你关注对方时而感到不自在和不安全，你可能正遭受性骚扰。不要想当然地认为骚扰者意在找乐或调侃。

任何人——无论在学校、在网上还是其他地方，都不能忍受骚扰。如果有人骚扰你，你可以回应“别再说这类话”，或者“我讨厌听到这些话”。然而，在大多数情况下，你本人很难制止别人对你的骚扰，如果你收到骚扰信息或在网上成为骚扰目标，你就要向成年人（父母、学校辅导员、老师或学校领导）求助，无论如何都不能受到骚扰。

约会的困境

如果你喜欢上某人，并向对方调情，且对方的反应是积极的，那将会如何进展？你该怎么办？

在一些中学，学生经常谈到与谁（异性）“交朋友”，或“谈恋爱”，或“约会”，这些通常指一个男孩和女孩有某种关系。他们可能一起吃午饭、互发信息、上网玩“朋友”的游戏、放学后一起玩儿、参加学校的活动时一起跳舞、周末一起出去玩儿——总之他们外出时必然是成双成对。这种关系可能持续一天、一周或一个月（有时也会更长）。

中学时期，你可以接受也可以不接受这种关系，其实，并没有哪个年龄段才“适合”开始谈情说爱。你是否向父亲或母亲说过这些事情？有些父母坚持小孩要满 15 岁才能约会，这还要看你家庭的文化背景，而大部分家长对此类事情都非常严格。家长往往不同意你去跳舞、参加晚会或者有男女孩子在一起的社交活动。

如果父母同意你约会，而你也想加深了解这种关系，最好的方法就是从小组活动的约会开始。因为小组约会，一群男女孩子出去就没有一对男女出去时的压力那么大。小组活动的好处在于，你先以普通朋友的方式了解对方，而且你会发觉这种友谊比男女约会更加重要。

如果你已经开始约会，与年龄比你大的他/她出去时要格外小心。虽然在一起时会很激动，但你还没有完全成熟，所以会明显感觉到有压力。同时，如果你如此认为，那年龄比你大很多的人是否也认为同你这样年纪的人交往不合适呢？确实如此，但在中学时期，大部分学生对他们的情感并不太认真。就算你和你的女朋友或男朋友年龄相同，而各自对将来的期待却完全不同。实际上，如果某个人真的在乎你，未必会要你干你不喜欢的事情。

在中学这个年龄段，对性肯定有很多疑问。你的父母有可能与你讨论过这一话题，或者在校园听说过这一话题，有些学生也可能通过书本和网络了解稍微多一点。但大多数同学和朋友对性知识的了解还处于朦胧阶段，有时个别少年自诩对复杂的性知识充分了解，确实不然。你所听到的“事实”并非真的，这会使你感到更加困惑。

关于性方面的知识，不要过多地相信与你同龄的朋友和其他人，要向你信得过的成年人了解。与父母或其他成年人谈论这一敏感的话题，一开始你们俩都会感到不自在，但只要能打破开头的尴尬，接下来的谈论就自然容易了。以开放的态度了解性的知识，不仅现在对你有用，而且能为你将来几年可能碰到的这方面的问题提供帮助。

如果你还不喜欢这种爱恋关系，也不喜欢现在就约会，那该怎么办？如果现在没有男朋友或女朋友，有可能担心别人认为你还未成熟，其实，等过了一段时间之后才有这种爱恋关系是完全正常的。很多人都到了高中或者更迟的时候才有兴趣与异性约会。不用急。跟着自己的感觉走——你的朋友和其他人都无法像你那样了解自己的感觉。如果你的朋友强烈渴望约会并极力鼓动你也去约会，你可以向他们解释自己的感觉。如果他们还不断地催促，你就有必要寻找周边与你具有相同的价值观和理念的朋友的支持。

每一个人都有受到尊重的权力。

——Julio，13

查阅

《心灵鸡汤：青少年谈论中学生活：101 篇关于中学生的学习、生活和爱情的故事》(*Chicken Soup for the Soul*：*Teens Talk Middle School*：*101 Stories of Life*，*Love and Learning for Younger Teens*)

作者　Jack Canfield

书中所写的都是来自不同学校的真实人物故事，涉及各类话题。

《真正的朋友与其他人》(*Real Friends vs. the Other Kind*)

作者　Annie Fox

本书内容包括：交朋友、闲聊、社团之外、网络暴力、暗恋、同伴压力等其他话题。

第一次接吻

当你比现在还小的时候，一定会认为那种浪漫的接吻很粗俗，但后来就不再这样认为了。进入中学之后，你会对接吻产生极大的好奇心——盼望着自己的第一次接吻早日发生。

在中学的几年里，你会发现很多的接吻场合。例如，朋友邀请你参加晚会，晚会活动中有一项“旋转瓶子”的游戏就包括接吻。这类活动的参与一般是自愿选择的，如果你不想在游戏过程中亲吻某人，你可以表明自己不参加这项活动，如果参加活动的都是真正的朋友，他们一定会尊重你的观点，也理解你的选择。

另一方面，你可能期望着有机会亲吻你所喜欢的某个人，因为在电影电视里见过了许多激动人心的亲吻场面。实际上，到了中学的时候，你可能已见过数百次的接吻镜头，并且都在充满浪漫的音乐的情景中亲吻。真实生活中的亲吻是否也如此浪漫？有时可能是这样，但从电影电视中所看过的接吻镜头基本上都是有意设计和精心剪裁的。演员——经过细心化妆和打扮，光线也从不同角度调试过，再由专业摄影师拍摄——每个动作都演示几个回合。

在你们这个年龄段，很多人都想知道接吻到底是什么滋味，怎样才是正确的亲吻方法。有些人用枕头、手臂或手掌练习亲吻的方法，其实最好的准备就是你知道自己想亲吻某人且对方也愿意。

在任何地方任何时间都可以接吻：你刚刚同女朋友或男朋友交谈；和自己的朋友快乐地度过一天之后准备说再见时——如突然两人停止说话的瞬间，这是很好的时机。温柔地向对方走去，这是一种身体语言的询问，看对方是否接受。如果对方似乎愿意，继续向前接着亲吻（否则停止动作）。当你亲吻时，不要过于考虑经验，许多人的第一次接吻都会碰到额头、鼻子或牙箍等等。

接吻之后说话要注意：很多人都喜欢把接吻的经历告诉其他朋友，但要记住，对方未必喜欢接吻的细节传遍整个学校，有时最好保守秘密。

小　结

在中学的几年里，你确实要面对各种各样的“第一次”——如第一次校园跳舞、第一次暗恋、第一次接吻等等。这些都可能是令人激动和神往的，但另一些第一次有可能让你难以招架——如第一次承受来自同伴或小团伙的压力，第一次和朋友打架。虽然你不知道事情的结果怎么样，但你完全可以尽力作好一切的准备。

在新环境可能要面对的问题，想做什么和如何做，你可以同一些成年人或自己的长辈家人谈论。更加重要的是，当你碰到有关友谊、同伴压力、约会和其他的社会问题时，一定要自问，怎样做才对。你知道什么东西对你来说最重要吗？你知道如何照顾自己吗？能保护自己或者能保护自己的想法吗？想到这些，你会豁然开朗，其实要保持纯真的自我比以往想的容易多了。

第六章

充分利用中学的时光

为什么要充分利用中学的时光？在学校所花的时间量是非常充足的理由。每天早晨作好准备，从上课到完成作业、参加体育活动、参加社团或其他形式的活动总共要花多少时间？校园生活占据了你大部分的时间！学校不应该仅仅是你与朋友见面的地方（虽然这种开端也不赖），也绝不仅仅是你必须“经历”的地方。这就是本章秘笈六的作用所在：如何使你更加轻松地完成作业，考试更好，顺利完成项目设计，积极参与各项活动，最终找到学习的乐趣。

第一节　适应中学

中学当然完全不同于小学。在小学，只有一些特别课程由不同的老师担任，而在中学，几乎每门学科都由不同的老师担任。中学的优势在于每个老师都是这一学科领域的专家。理科老师采用很多科学训练方法，而社会学老师则具有丰富的历史知识和管理理论。有不足的方面吗？可能要深入了解你的科任教师有点难——你每天分别见到他们的时间不会超过一个小时。

中学生有自己的班级教室是另一个不同点。这一教室就成为学生在校的家，是你每天早晨必到的地方，也是获取重要信息（开会、通知、注册等）的地方。你们的班主任至少还教你一门课程。

在教室里，每个学生分配一个柜子，这个柜子可以存放暂时未用的笔记本、文件夹、课本等。如果柜子还没有密码锁，你可以自己买一个。记住密码并事先多次尝试能顺畅开启之后再把自己的东西放进柜子里锁好。如果有两个柜子，可以一个放书本之类的东西，另一个放运动衣服。这就需要买一对具有相同密码的锁头（一般作为一套卖）。

从小学到中学你还会发现另一个变化，课程、家庭作业、项目准备及考试等方面的量都增加了很多。到中学的时候，你已长大了许多，能完成更多的作业，但你还是要认真计划好自己的时间，特别是当你要做的事情很多时，容易感到压力变大。

进入中学后，最大的不同是，你要找到自己的发展道路。不再像小学时候由一位大人带着你，你只要顺利完成作业、按时上课即可。这完全不是你自己的方式。中学里有老师、行政管理员、学科顾问和其他专业人员帮助你成长，而关键是你要直接向他们请教。

很多中学都举行春季和夏季的校情推介——比中学的开学时间早很多。有时候开学第一天也要介绍校情，这时你可以了解到很多重要信息，如学校护理办公室、洗手间和你柜子的位置。校情推介时要作好记录并保存好所给的小册子，以防夏季过后你把重要的细节都忘了。

建议

作好入中学的准备

进入中学的第一天感到紧张是正常的，准备充分对你有所帮助，尝试下面的建议：

- 找几位至少在你的学校读过一年以上的学长了解一些你最想知道的重要事情。
- 要找到校园里的洗手间，以防什么时候要急用；事先尝试柜子能否打开。
- 保证记住父母的办公电话和手机号码，也要记住在紧急情况下你能求助的其他的名字和电话。
- 记得带午餐，或者带钱和餐券到餐厅买午餐。
- 带齐你所需要的学习用品，包括钢笔、笔记本、小电脑、活页夹、信息表和其他学校要求带的文具。
- 了解学校对使用手机的规定，如果学校规定不能用手机而你刚好有一部，那就要把手机锁到柜子里。

在小学，男女生要有人带着才能去图书馆或别的什么地方。而在中学，只会告知你要去图书馆或别的什么地方，既没有老师也没有别人带路。

——Juanita，13

与老师相处

老师也是普通人，人总有不同的性格、态度和喜恶。你可能与某些老师相处得很好而与另一些关系不怎么样，正如你与班里同学的关系那样。老师都希望你们成功——惩罚你们并不是他们的目的（虽然有时看起来有点像是有意惩罚）。只要想到：你们取得的成就越大，你们的老师就越觉得教学成功，那师生关系就容易处理了，尽量想到老师就是你学习上的伙伴。

就像你期望老师要公平地待你那样，老师对你也有所期待，他们认为一些行为在班级中非常重要。下面是一些同老师处理好关系的基本方法：

准时　迟到是引起老师恼怒的主要原因。为了给老师留下好印象，就要按时上课，如果你可能迟到或不能上课，就必须事先告知老师。

课前要有所准备　另一方面容易引起老师反感的事情是学生来上课时没带课本、作业或其他要带的资料，所以上学前一定要再次检查是否已带齐所要的东西。

尊重　只要你尊重老师，老师就会更加尊重和善待你。

专心　这听起来好像简单，但很多学生就是因为在课堂上没有专心听老师讲解而使老师失望。大部分中学老师都是所教学科的专家，当学生对其显得不感兴趣时，他们会反感的。移到课室前排坐（不要坐在后排），也能提高自己听课时的专心度。

提问　运用问题展现你对所学科目的兴趣。老师非常欣赏那些在课堂上表现出对学科有真正求知欲的学生，这样的学生才能使他们体味到教学的意义。想深入了解老师，你还可以向他们提出自己的问题。

记住每个老师的性格是不一样的　能猜出老师的要求很重要。如果这个老师期望更多学生参与课堂教学，那你就要加倍努力积极参与小组讨论；如果另一老师要求书写得非常整洁，那你就要争取作业和答卷都要工整；如又有老师严格要求按时提交作业，那你无论如何都要在期限前完成。要与老师建立起良好的关系关键在于你，而你如何努力都值得。老师可以成为你的良师，帮助你找到自己的爱好和鼓励你发展自己的能力；老师也可以成为你的益友——当你在学习和个人生活上碰到任何问题都可以向其请教。所以优秀的老师能激发你想要变得优秀的动力。

有时在了解和与老师接触的过程中——特别是碰到一个非常了不起，既年轻又富有吸引力的——你可能会暗恋上。这种事情经常发生，但通常都非常短暂。在你们这个年龄段，对自己的老师或教练有非分之想纯属正常（虽然典型），但若因这种浪漫的幻想而采取行动那就万万不可。如果你对自己的老师的情感有点迷茫和困惑，或者他或她的言行让你感到不自在，就要找一位你信得过的成年人谈。

对你不喜欢的老师该怎么办？或者无论你如何努力，都无法与这位老师融洽相处，那该怎么办？对于这种情形，唯一有利的是你在中学几乎不用整天都和你不喜欢的老师在一起。如果碰到某一老师经常大声吼叫，或其严厉的批评把你整天的心情都毁了，那你仍会感到郁闷，这种状况若达到无法忍受的程度，你就要请家长或学校领导介入。

现在的老师对你的要求比小学的更高，但只要你接近老师，他们都乐意帮你。

——Gabriella，13

我最喜欢的老师在许多方面都像小孩儿，她会扮演各种各样的人物，给大家带来乐趣，但她也能促使大家努力学习。

——Chen，11

智力

中学时期开始，老师对你们的期望更高是因为你们在身体成长变化的同时，大脑也在发育成熟。你能记忆各种各样的事实、数据、日期和公式——数千条的信息贮存在大脑里，只要需要就能提取使用。要开发大脑信息贮存库的能力，就要通过思考试题的答案和解决家庭作业的问题来提高和巩固。这不仅仅可以让你贮存更多的信息以回答问题，更重要的在于发展你更加复杂的思维能力和解决问题的方法。

也许你已发现，有时所需要的某一具体信息，无论如何你就是想不起来，这种状况时不时出现。这种状况已经出现过多少回？如考试的时候，你几乎理解试题上所有的材料，就是无法清楚地归纳起来；

考试之后，马上把课本找出一翻，肯定一目了然——这就是所要的公式。这自然非常沮丧，但有一点好处就是你能长时间记住这些材料。

学好某一学科的方法就是记住相关信息，而不仅仅是为了考试去死记硬背那些材料。学习还需要不断的复习，你还需要多次重复阅读某些东西直到其内容渗入你的大脑。为了强化记忆你也可以抄写下来，之后，你可能还需要复习几遍才能够完全掌握。

不争的事实

学习成绩优秀与健康的饮食、有规律的体育活动及良好的睡眠有什么关系？

关系很大。研究表明，那些活跃的、吃得好、每天睡足八小时的学生的学业成绩比其他同学的好很多。当你照顾好了自己的身体时，大脑也会得到发展的力量，这更加有利于大脑保持敏捷，处理信息准确和形成创新能力。

不同的学习方法

背景音乐有助于你的学习，还是使你学习分心？你是否发现当你有机会亲自做某事时比仅仅听课掌握得更好？也许有些学生自己阅读能更好掌握知识，而你却喜欢老师向你展示出来。你和其他任何人一样，都有自己最佳的学习方法。

除了知道自己所喜欢的学习方法之外，你还清楚自己某些学科比其他学科的能力强很多。在中学25人左右的课堂里，可能只有几个学生数学或音乐的成绩特别好，而其他的可能体育竞技能力较强；有些学生天生善于理解别人并擅长与他人打交道，而有些却具有写作和沟通的本领；有些学生在很多学科领域的能力都很强，而有些只在某一方面表现出色。

要花点儿时间分析自己的强项，学习哪一学科能使你激动？你最爱做什么？是否有哪一门课程你表现超群？大部分课程对你来说是容易还是难？学校的挑战是否足够？哪些课程你觉得乏味？

如果你觉得还需要更多的挑战，下面有些建议：

● 想方法把你的作业做得更加有意思。例如，你不仅仅写出一篇关于摩天大楼如何建成的文章，还设计出一个模型。

● 参与学校的课后活动，如戏剧小组、校报或围棋俱乐部。这有助于加强对校园所提供的活动的兴趣和提高自己的创造力。

● 向你的导学顾问了解，有多少为在校学生开放的深造的机会，如当地高级中学、大专学院或综合大学会开设暑假培训项目。你也可以参加远程教育的学习，如数学、写作、外语等学科。

● 了解学校是否有专门为具有某一天赋的学生开设卓越班的计划，如有，向老师了解看自己是否符合条件。

当学习感到困难时

对某些学生来说，中学的学习真的是苦苦挣扎。如果你曾经有过学习困难的经历，你就能完全理解学困生无论如何加倍学习，最终考试的成绩都很差时的沮丧心情。你可能要在学习和做笔记方面掌握新的策略。导学顾问或科任老师都可以帮你。如果你们学校有辅导的计划，你可以尝试参加。某一科目学习有困难，也可以让父母帮助指导。有些学生使用微型电脑的效果比做笔记的好；而有些学生却要坐在前排记录老师的每句话才行。你可能要尝试多种方法，看看哪一种能使你的成绩有所提高之后再作选择。

查阅

《克服小孩注意力不集中的指南》（*The Survival Guide for Kids with ADD or ADHD*）

作者　John F. Taylor

本书对患有注意力不足过动症的小孩（ADD）及注意力不集中症的小孩（ADHD）在学校学习、交朋友和与家人相处等方面提供应对策略和建议。

《克服小孩学习成绩落后的指南》（*The Survival Guide for Kids with LD*）

作者　Gary Fisher，Rhoda Cummings

本书为学习成绩差的学生提供走向成功的指南。

第二节　高效的学习方法与轻松完成作业

经常变换课程当然有趣，但课程越多，也就意味着作业越多，考试越多。小学老师会在下课前按照作业的清单查对一下，看看所要求上交的作业本是否已堆放在一起。而现在，你更加独立，同时你也要承担更大的责任：你要自己跟踪作业，查找所需要的资料并要记住交作业的最后期限。

有些学生不费吹灰之力就能完成作业并且考试前也不怎么需要打开课本复习就能考出好成绩；而大部分学生都要非常努力才能取得好成绩。下面是充分利用好时间的方法：

系统安排　如果你把做作业的地方搞得乱七八糟，那怎能学习呢？寻找一支铅笔或字典都要费好长时间。如果你有自己的房间，就要保持书桌整洁、学习用品摆设有序；如果你和他人共用一个房间，就要把做作业的相关文具放在一个箱子里方便使用，并把箱子放到僻静的角落。

带齐所需的学习用品　你是否把课本和作业带回家？（老师最讨厌学生说没完成作业是因为忘了把教科书和作业本带回家!）你需要使用计算器解决数学问题吗？你需要上网查找资料吗？你能进入电脑系统或找到百科全书吗？如果你所需要的这些工具都没有，你能坐车到学校图书馆查找或从朋友那里借到吗？

选择少干扰的僻静地方　自己定下规矩，学习时不要打开电视，也不接听电话。如果你不想错过自己最喜欢的电视节目，可以完成作业之后再看。音乐可能是很多人的爱好——有些人伴着音乐学习，而又有人觉得背景音乐干扰学习。坐在电脑台前有时也会干扰学习，特别是你知道很多好友都在线的时候。所以要找到最适合你学习的地方。

保证光线明亮、座椅舒适　在昏暗的光线下拼命睁大眼睛阅读是有百害无一益的；椅子坐垫过硬或过软，椅子的大小与书桌不相称，坐上时要么端着肩膀要么弯着腰，这些对学习都会有所影响。

作好学习记录　用日历或日记做好学习信息表——书写的或电子文档的（现在很多手机都有这一功能）都行——记录作业缴交的

期限和追踪自己计划学习的时间。每次都遵守自己约定学习的时间并尽力坚持。

保持积极的态度　家庭作业并非一种惩罚，虽然有时让人感觉有点像。要把做作业看成训练自己大脑的方法和将来考试的演练。

查阅

B. J. Pinchbeck 的作业帮手

www. bjpinchbeck. com

本网站链接各个学科的真实教学内容和教学活动。

纽约市的家庭作业

www. homeworkNYC. org

由纽约市图书馆创建，提供学习笔记、作业帮助和链接在线的其他学习资源。

建议

高效率学习

想高效率学习吗？下面是达到高效率（SMART）学习的建议：

- 浏览（Skim）每一章的题目和每章结尾的注解及相关图表。
- 对所读章节的主要观点和重要内容作（Make）好笔记。
- 阅读过程中要自己提问（Ask）看是否已理解材料。
- 复习（Review）自己的笔记并对重要的部分画线。
- 每三十或四十分钟休息（Take）一轮，要检查自己掌握上轮所学的情况之后，再开始新一轮高效率学习。

注：SMART 是上面五个建议的关键词的首字母缩写。

参加考试

已晚上10点，明天还有一门理科的考试，一想起明天的考试你是否会突然冒汗？或者每次老师一宣布考试时间，你就感到紧张？阅读试卷时，你是否感觉到自己的心跳加剧？

考试是中学生活的常规部分。你现在的考试肯定比在小学时候多了很多——有时中学一个星期的考试比小学一个学期还要多。这也是为什么焦虑成为很多中学生常见的经历的原因。

对考试有一定程度的担心属正常现象，所以要让学生知道对考试有一点儿担心并不是坏事。感觉到一点儿压力才能激励你努力学习并做到最好。如果对即将到来的考试过于随意，你就不会在意学习，那也会降低你的能力。

有些学生太紧张以致考试前或考试期间都无法集中精神，这种恐惧不会有好结果的——事实上，它只能导致一事无成。如果你对考试极度紧张，有时紧张到连自己的名字都忘了，下面有些建议能让你消除恐惧：

学习 这虽是简单的，也是最有效的建议。你对所考的学科了解得越多，就越能从容地去应考。如果你认为必要，可以采取多轮复习的方法，运用高效率学习的模式。

与家长交谈 家长们都经历过无数次这类考试，他们可以给你一些有效的建议。（如果他们确实没有好建议，你至少可以给他们机会，让他们考查你对某学科知识的记忆，这是许多家长都乐意做的事情。）让他们提问题考你，这能加深你对学科材料的理解。

找老师谈 让老师知道你的恐惧，看他/她能否给你提出一些缓解紧张情绪的建议；你还可以向他/她了解应该重点学习哪部分。

掌握一些在考试前甚至考试期间能放松自己的方法 尝试这种

方法：闭上双眼，想象一个愉快的情景，例如在海上冲浪或与朋友一起欢笑——然后深呼吸。张开眼睛之后再去参加考试。

告诉自己能行　（考试开始时心里默默念着自己能行）如果你说“我知道能量的公式”，而不是说“我知道这次考试会失败”，那就会更加充满自信。实际上，你会惊奇地发现积极的思想与消极的思想所产生的效果截然不同。

在家自创考试训练　这有助于更好地理解老师的思想。她可能问什么问题？想办法回答这类问题。她可能不问什么问题？也想办法回答这些问题（尤其是你还未成为智力超群的读者）。如果你询问老师，有些老师还会给你提供模拟试题。

与朋友组成学习小组　小组每个成员都要花一些时间扮演老师，掌握某一学科知识的最好方法就是向别人解说其内容，当然还可以一起讨论和相互考查。要定时休息以保持自己的兴趣和精力。

告诉自己这只是一次考试而已（还有一大批考试在后面!）如果你做得没有像期望的那么好或者有点乱，那就要告诫自己这只不过是一次考试——绝不是世界末日。

对于成功的运动员来说，有能力忘掉错误是成功的关键。像一位篮球运动员，当一个简单的投篮没有命中之后，就不能对自己的错误耿耿于怀，否则，后面部分的比赛就无法发挥出色；当花样溜冰运动员在一轮比赛的中途摔倒，她不可能一直躺在冰上（当然，除非她已摔断腿），她会马上站起来继续表演，思考下面的动作，而不再想什么地方出错。两个例子都表明，运动员会把错误抛之脑后，并关注后面的表演。在考试时，你也可以仿效他们的做法。

建议　**为开学考试作好准备**

有些中学生认为开学考试非常难，因为对他们所要求学习的科目的任何内容都要考核。很难猜想会考到哪个具体的问题。这类考试意在衡量学生的进步情况，所以有些学生考试前会觉得紧张，但只要你按照本节的建议，考前深呼吸，保持冷静，一定会做得很好。

成功的学习项目

一个项目就像“特大的、超级奶酪的、劲辣牛肉香肠比萨”，你要把它分切成一个个小块，并快速吃完——这丝毫不能伤害你的胃！下面介绍如何分切：

1. 你是和一个团队一起完成这个项目吗？如果你与一个小组在一起，就要尽快知道你在这一项目中所负责的具体事项。

2. 尽量找到完成这一项目的乐趣。例如，如果你觉得环境非常重要，那你的项目内容就可以集中在这方面。如果你想将来当一名医生，就可以参加关于人体知识的项目。喜爱动物？爱好体育运动？酷爱音乐？科技能手？让项目成为体现你的爱好和兴趣的一面镜子，这样做起项目来就更觉得有趣。

3. 一旦知道自己在整个项目中的任务（或者你要独自完成），就把整个任务分解成各个小任务，并对每个子任务设定完成的期限。例如，你要做某一项调查研究，那你的第一个目标先定下计划：星期三调查，星期四整理所收集到的信息资料，然后再看是否还要做其他方面的研究。

4. 如果你要和小组成员一起合作，也要先做计划，定期与小组成员在不受干扰的地方碰头——当然，大型超市这种地方是不宜见面讨论项目话题的。

5. 项目报告书外观要好看。如果是研究论文，一定要保证其整洁，还要考虑用上文件夹、活页夹或封面等。要用有趣的、不寻常的和艺术的方式来展示你的信息。现在很多项目都使用电脑的多媒体形式演示。

6. 自己设定完成项目的日期至少要比规定期限提前一周，提前完成让你有足够的时间对自己的作品进行检查，有时还要做必要的修改。

7. 需要演示吗？可以找一些观众来演练（你的家人或其他朋友，他们要承诺不在你面前搞笑）。

8. 要用电脑或要拍录像吗？如果要，必须保证你的设备运行良好。千万不要等到最后时刻才发现设备不能正常工作。

9. 要做实验吗？那就要保证所需要的材料齐备，且实验能达到预期的结果。

10. 成功了，要褒奖自己的出色工作，并期望下轮还有机会展示自己做项目的能力。

在中学，与一个同伴或小组完成项目是很常见的。两人小组是非常好的做项目的方法，因为当你和同伴分享信息时，你们都获得知识，教导别人的时候，你对这一学科的理解也能得到加深。

大部分老师在分小组的时候，都想办法体现公平，保证每个人都有伙伴，且有机会和不同的人合作，但结果并不是每一对搭档都能合作成功。你会发现所分配的同伴或小组很难合作，所以可以先

尝试与其他人合作，然后再对他们的合作能力进行评价判断。有了更深入的了解后，你就可以找到合适的伙伴和小组。

下面是针对校园项目分组的建议：

- 如果老师分配合作搭档时，你已受到忽视，那就要说出来，因为老师要管理很多学生，一时出错而没有注意到你，这种情形还是有的。对于没有注意到你还未分到搭档的老师，不要等他主动帮你，你必须自己主动提出要求。

- 如果允许自由选择搭档，你要寻找能与你的优点互补的同学。例如你知道某个同学写作能力很强，而你艺术能力强——你们俩就可以争取成为合作搭档。

- 一旦你选择了搭档，就要花些时间相互了解对方的兴趣和能力。各自都能为项目作什么贡献？或许你擅长组建材料，或者擅长组织一份报告——不要胆怯，无论擅长什么都要提出来。

- 作为搭档，你要完成你应该做的那份，不能多做（也不能少做）。有时还可以自愿承担项目中最不起眼的那部分，尽自己的一份力量即可。但不能接替别人的那份工作，就算你觉得你有能力帮助你的团队获得 A 的评价也不行，因为小组合作的一个重要目的就是培养共同学习分工合作的精神。

- 无论你的项目是小组合作还是独自完成，都可以运用头脑风暴（开动脑筋）的方法开始。你可以使用这种练习方式思考更多的相关主题、研究成果和其他更多的材料。

尝试　　**项目构想**

可以按传统形式写在纸上，也可以用电脑保存该项目的构想和完成该项目要做的事情。保存记录可以包括下面的信息：

- 主题构想
- 题目

- 所需要的材料和书籍
- 要做的研究
- 要采访的人员
- 各个阶段，包括各个时间段，要完成的内容
- 演示观点
- 项目的期限

准备报告

小学的时候你可能已写过报告，但中学的报告要“大型”得多。首先，中学的报告要长很多，因为要求对所研究的方面提供更加丰富的证明材料；此外，中学老师要求所撰写的报告能体现出更强的创造力。你胜任这种任务吗？肯定胜任！

报告，像学习项目一样，是非常复杂和艰苦的工作，需要大量的时间才能完成。也像学习项目那样，把整个项目分解成若干小型任务和不同阶段进行，其效果很好，报告也可以借鉴其方法。首先开始头脑风暴，思考你所要探讨的主题，把你能想到的、与主题相关的观点都列出来，无论观点看起来如何奇怪都没问题。然后，通读这些观点几遍，再选择出一些最吸引你的观点。接着，就这些观点自己提问自己：对这一主题我能找到足够的资料吗？班里会不会有很多同学也探讨这一主题？所选择的主题既有一定的原创性，同时自己也有能力研究和顺利完成才行。如果碰巧你所选择的主题老师曾经布置过，那就要开动脑筋想出新的方式来展现你的观点。

当我要写报告时，我就选择自己确实喜欢的主题，这样研究的过程和撰写材料的时候都觉得有趣。

——Samnaya，13

可以将书本、杂志或者互联网上搜索到的材料作为研究的资料。在网上你可以查找到教育类的书、百科全书、博物馆，还可以链接其他大学的图书馆。

无论你的研究成果是以电子文档的形式还是纸质书面形式呈现，都应遵循如下的基本原则：

对你所找到的网页、文章或某一章节，不要逐字通读 相反，你要先浏览一遍，看是否有你所需要的信息，然后再做笔记。如果条件允许，可以把相关的材料打印或复印出来，以便将来需要的时候参考，或者对这些资源作好标记，复制并粘贴到自己的网页。

不要剽窃 剽窃是指一字不差地把你所找到的信息全部搬到你的报告里。依照法律，如果需要，你只能引用几句话，或把原文作为注解。把相关网址作好标记是非常有用的，这有助于将注解标明出处。吸收别人的观点，然后用自己的语言方式表达这些观点。

不要直接复制网上找到的材料 很多学校都安装了电脑系统，检查学生作业是否剽窃。除了被抓的危险外，更重要的是这种欺骗属于严重的懒惰和错误行为。

分析你的研究，看所找到的资料是否有用 有些网站的资料非常准确，但也有一些资料不正确。要问自己：这些资料可信吗？这些信息是最新的吗？资料准确吗？资料全面吗？

完成研究资料的收集之后，接着就要草拟报告的提纲。你要涵盖哪些信息？首先要表达哪些观点？第二部分是什么？接着又要呈现什么？能得出什么结论？提纲能指导整个写作过程。

下一步你可以开始写报告了。这个时候，你不必担心书写错误、语法问题或句子的完美等问题。第一稿，把你的观点写出来即可。完成第一稿之后，要认真细读全文，再慢慢修改。记住，世界上任何人——包括著名作家——都不可能第一稿就完美的。

你对自己所写的东西满意吗？能清楚地表达自己的观点吗？是否按照提纲写？是否漏掉了一些应该补上的信息？还有哪些地方要删除？作最后的改动，然后开始检查拼写和语法错误。

现在很多电脑都有检索拼写的系统，这能帮助你找出拼写错误的单词。尽管如此，也不能完全依赖电脑帮你找到每个拼错的词，你还需认真校对，因为电脑只能辨认错字而不能判断别字。例如，当你把“the”写成“he”的时候，电脑就无法显示“he”是错的。当然你也可以用电脑的系统检查自己报告中的语法结构，这也同拼写检索系统一样不完全可靠。要认真仔细校对自己的报告，有时也可以请家人帮你校对，看是否还有错误。

你的家人和朋友都能帮你判断你的报告是否完整和有趣。可以找你信得过的人帮你通读你的报告并提建议。无论什么样的批评意见都不能泄气，而要认真听取有益的反馈建议，并把报告修改得更好。

查阅

卡耐基图书馆家庭作业帮手

www.carnegielibrary.org/kids/bigkids/homework

拥有丰富的校园资源：研究方法建议、在线家庭作业帮助、链接其他资源库和教育活动设计。

大英百科全书

www.britannica.com

在线百科全书，收录最新文章、影视资料和博客，为完成学习项目和报告写作的提供丰富的参考资源。

要有时间对所写的报告作最后修改。想办法使表达更加清楚，或者加上忘掉的材料。当你已经满意修改后的内容之后，就要考虑报告格式的设计（报告的排版怎样才好看）。你要检查边距是否对等，如需要页码，页码是否正确。你还可以在报告的每一页添加页眉，既可以设计在页面上端，也可以设计在页脚，打印上你的名字、报告的题目及页码。你设计的格式越讲究，你的报告看起来就越有趣。

数据和图表也能给学习报告增添趣味。依赖你使用的电脑和软件程序，你还可以把报告设计成为演示图片、录像或动画片。也可以添加其他图片，但要记住，图片和文字一样也有版权限制，借用他人的图片要注明出处或者使用没有版权的。制作有简图、彩图和其他图案的页面，就要对图片和文本进行相应的调整。你还可以添加背景音乐，或运用多媒体制作精美的画面来震撼你的老师和同学。

提醒一句：要记得保存自己的作品，打印之前记得在电脑里保存备份。当然你也可以设计电脑的程序每五分钟自动保存，这能够防止重大的学习事故发生，如所写出来的内容全部消失。

建议

找家人帮忙

父母和其他比你大的亲人都可以在学习方面帮你。如：

- 在家里帮你建立轻松的、安静的、个人学习空间。
- 对你的作业、学习报告和项目所需要的信息，能提供有用的书籍和网站。
- 当你思考学习报告、项目的主题或者做项目的策略时，他们能与你一起开动脑筋、出谋划策。
- 在你开始写论文或者报告之前，帮你审阅你的写作提纲。
- 考试前向你提问，帮助你复习。

● 复习你考过的试题，帮助你理解有些答案为什么错了。

● 为你做大型贺卡（虽没有礼物，也没有钱，但这是对你的出色工作的赞美）。

● 当你的考试成绩没有达到你能力应该达到的水平，他们会鼓励你努力学习。

● 当你抱怨老师、同学或者考试时，他们认真倾听你的诉说并提出应对这种情形的建议。

● 当你有哪一门课程学习困难时，或者有哪个学生影响到你对该门课程的学习时，他们会指点你如何找老师谈话。

● 帮你开动脑筋，想办法使校园生活更具挑战性。

● 当你在学校碰到困难时，他们会成为你的保护者（他们会找老师、辅导员或学校领导交谈）。

● 读完所列出的这些内容，他们就会知道如何才能最好地帮助你！

第三节　中学的课外活动

中学不仅仅是考试、写报告和做作业的地方。很多中学都为学生提供大量的课外活动——在上课前、放学后或者周末。

对许多中学生来说，体育运动是他们重要的校园经历。对一些人来说，加入某一运动队是非常自然的事情。他们也许从小学开始就踢足球或打垒球。当然，也有一些孩子不喜欢运动，也不想当运动员。幸好除了体育运动之外，中学还能为不同类型的学生提供各种各样的活动以满足不同的兴趣和爱好，其中包括戏剧、辩论、乐队和其他的活动方式。

体育运动

如果你对某一项运动有一定的天赋，或者非常想参与这项运动，你可以了解并加入这项运动的社区巡回比赛队。这类运动队一般通过比赛淘汰的方式挑选队员。巡回比赛队要同其他地区的队比赛——有时是很大的区域，所以他们经常要到其他城市，甚至到其他州参加巡回比赛。如果你觉得这种竞争的观念和艰苦的生活能让你兴奋，你可以考虑争取加入这类运动队。你可以找你的体育老师了解相关信息，还可以到当地的公园和娱乐部门了解。

如果你对某一运动项目感兴趣，但并不想承担太大的责任（像在冰冷的星期六早上天刚刚亮就要起床去训练），那巡回比赛队就不太适合你。为此，你应该查找其他形式的运动队。很多学校和社区都有其自己的运动队，其竞争当然没有巡回比赛队那么激烈（起码加入团队要求的资格没那么高）。很多校队成立的目的就是让不同能力的人都参与，所以，如果你一直想打篮球，而又没有太多的时间，你可以加入校队。找你的体育老师看能否提供相关信息，也可以向在校的其他同学或邻居了解情况。有些中学生既加入校队，又加入巡回比赛队，因为这些运动团队的界定较为随意，作好准备与最好的朋友对抗比赛。

校队比赛通常没有巡回比赛的竞争激烈，而又比其他社区内的运动强度大。你可以尝试一下，这些校队一般对队员的时间要求不像巡回比赛队那么严格。要了解哪种运动队最适合你，可以先做下面的小测试。

尝试

入队小测试

说明：用电脑或者一张纸写出对下面十个观点的态度，分为强烈反对、反对、赞同、非常赞同。

1. 如果能加入球队，我不介意早早起床。
2. 受到严厉的批评确实使我心烦。
3. 我的家人愿意，也有能力送我去参加比赛训练，即使是在晚上或周末。
4. 体育运动对我很重要，但不属于我最感兴趣的前三项。
5. 我朋友说我是一位出色的运动员。
6. 我并不是一个争强好胜的人。
7. 我善于安排自己的时间。
8. 我的体型非常好，我要努力保持这种体型。
9. 我不会让自己同时投身于两项体育运动。
10. 对我来说，把精力集中到学业上，比当一名优秀运动员更加重要。

你的答案说明什么?

如果你赞同1，3，5，7和8，说明你可以成为巡回比赛队的人选；如果你非常赞同这5项里面的任何3项，说明巡回比赛队对你来说是最为理想之地。

如果你赞同2，4，6，9和10，说明你喜欢校队；如果你非常赞同这几点，那就赶快加入校队！

加入社团和参与社区活动

除了体育运动之外，你还可以通过校园社团和社区规划参加其他活动。这些活动使你有机会尝试新的东西。到了四年级，你可能不再喜欢参加校园剧的表演了，但选修戏剧课程——作为演员或者舞台上的人员——听起来肯定有趣得多。在课余时间，可以尝试音乐课程、象棋、辩论或者社区服务。

如果不清楚自己内心到底喜欢哪种活动，你可以先尝试几项，看哪种最适合再作决定。除了校园的活动机会之外，你也可以通过健康俱乐部和青年协会寻找自己感兴趣的活动。你可以先查找少男少女俱乐部（www. bgca. org）、女童子军协会（www. girlscouts. org）、男童子军协会（www. scouting. org）几个网站。初中阶段是参加俱乐部和其他活动的最佳时期——因为既没有高中阶段那么繁忙，参加活动也不需要那么专业。

第四节　为将来的学业和就业作准备

你已经知道，现在形成的学习习惯将影响高中和大学的学习。如果你不满意自己的学习方法（或者不满意自己的考试成绩），你可以回头复习本章前面探讨过的内容。

现在开始讨论高中和大学并非过早，因为现在你所学习的课程都是高中课程的基础。况且，有的学生在初中就有机会参加高中某些课程的水平考试了。与你的辅导员或导师约谈，了解一些特别的机会。例如，如果你在某一学科的水平考试中得分很高，那你在七年级或八年级就有机会参加更高级别的水平考试，并且可能入围参加暑假的特别课程学习，或者参加函授和网络学习。如果你想读大学，现在就开始接触这类课程，能为你进入高中阶段的学习作好充分的准备，而这些课程对进入大学也相当重要。

我从来都没想过，我会擅长写作，但我现在确实喜欢写作。我经常编写故事并加入校报，我愿意当作家。

——Tonya，13

除了要思考将来的学习，你也可以考虑将来的就业机会。你将来喜欢做什么或者不喜欢做什么，你早已形成一定的想法。无论喜欢还是不喜欢，你都有充足的时间思考再作决定。而一旦你开始工作，随着你兴趣的改变和环境的变化，你会不断地变换工作。

是否有一项你梦寐以求的工作？你的梦想过于遥远而无法实现？也许你喜欢唱歌、跳舞，但这类职业的竞争性太强，你可能想不如当名会计好了。也许你想当一名诗人，但人们却劝告你先找到一个“真正的工作”再说。也许你想拥有自己的公司，想搞一些奇妙的发明，或帮助解决世界的饥饿问题。千万不要在梦想阶段就放弃——就算成功的机会不高也不要马上放弃。如果你非常渴望某一东西，那这个东西就值得你去尝试。

或许你还未想到将来做什么，可能因为你的兴趣非常广泛而难以确定一条具体的道路。有这么多的职业选择，你如何考察决定？下面有些建议：

- 利用假期同父母或者其他家人一起干一天的活。
- 阅读不同行业成功人士的传记或者半自传故事。
- 加入学校俱乐部或参加课外活动（如制作服装或制作舞台背景）以获得以前没有的经验。
- 训练一些对任何工作都非常重要的能力——时间管理、直率、冲突解决、问题处理和决策等，这些能力什么时候掌握都不算早。

● 很多学校都为学生收集了大量的职业录像和影像资料，看你的学校是否也有，如有，可以找图书馆管理员、老师或辅导员了解和借阅。

● 要提醒自己一生要花多少时间在工作上——所以从事一份既有趣味又有挑战性的职业非常重要。那些做他们最喜欢做的事情的人，对职业的满足感最强。

小　结

作为初中阶段的学生，你所形成的习惯、能力和思想将为高中、大学乃至一生的成功打下坚实的基础。你可以把校园看成讨厌的地方（但必须要经历的地方），也可以看成是发展你的智力、体力、能力和兴趣的地方。成长的一部分就是懂得把机会变成成就。

第七章

对自己的生命负责

变化，这是初中岁月的主题。变化影响到你的身体、外貌、家庭关系、友谊和学习的时光。如此之多的变化使人们觉得难以自控，因为一切都那么新鲜，难以判断哪些才是你想要的，或者哪些才最适合你。怎样做才能保持在正轨且保持自我？秘笈七就是关于如何掌握自己的命运的。

第一节　正确的决定

随着你不断长大，越来越多的决定要你来选择，而一些决定越来越难以定夺。小时候，很多事情都是家人帮你决定，甚至包括选择你穿的衣服和你参加的活动。但随着你年龄的增长，越来越多的事情要你拿主意，你也变得更加独立自主，同时也会碰到更多的难以抉择的事情。

你知道，不是所有的决策难度都相同。有些事情非常容易作决定，像早餐吃什么。而有些却不容易决定，例如两个朋友分别邀请你同在星期五晚上帮忙做点事情，这就要看你如何决定才不让两个朋友都失望。还有一些决定真的难以抉择，例如你的父亲和继母要求你在放假期间去看望他们，而你却不愿意去。

每次的决定都涉及选择。你要选择做什么或说什么（有时候你可以选择什么也不做或什么也不说），所以要作出最佳选择确实不易。但你可以遵循一套决策步骤，这有助于抉择的过程变得顺利。

有时我觉得当小孩太好了，总是别人告诉你做什么。事情都要自己决定，真的太不容易了。

——Cody，11

我真的很难选择到底该怎么办，甚至问过我姐姐、妈妈和最好的朋友之后，还是难以判断哪个最好。我想，也许这就是

12 岁孩子的生活吧。

——Satina，12

我喜欢能更好地控制自己的命运，知道大人都信任我，那感觉真的很好。要想承担更多的责任，就要表现出我已准备好了。

——Ezra，14

找到事情的真正缘由　假设你不想在放假期间看望你的父亲和继母，那你就要问自己原因到底是什么——必须诚实地回答。是否因为你和朋友已有精彩的出行计划？还是因为对父母的离婚和父亲的再婚至今还有些伤感？

只有知道问题的真正原因，你才能作出最佳选择。如果不去看望的原因是你至今还对父亲生气，那这个决定很糟糕，你会伤害父亲，最终这又会伤害到你，因为你们俩没有机会一起弥补关系。如果是因为你与朋友已有重大的体育赛事或其他重要活动之约，不去看望的决定是正确的，因为你必须履行一个队员的职责，你可以在下个假期再去看望父亲。

如何才能判断问题的关键所在？你可以：

- 把你的困境告诉家人和朋友
- 把问题写进你的日记
- 专门用一些安静的时间反思你的选择
- 找一位富有同情心又信得过的长者诉说你的情感——如学校的顾问或者老师。

检讨你的选择　列出你面临的所有选择。例如，两个朋友都在同一晚上要求和你在一起，你可以列出：

- 与其中一个朋友出去，并拒绝另一个
- 自己待在家
- 建议三个人在一起

如果你还是难以作出决定，就要考虑每个选择的利弊，把其中的利弊都写出来，自己认真思考或者找另外的朋友讨论。下面是利弊分析的例子：

与一个朋友出去：有利的是能使这个朋友高兴，而不利的是使另一个朋友的情感受到伤害。

独自待在家：有利的是你不用再找借口一个个拒绝他们，而不利的是独自在家你可能觉得无聊，同时两个朋友会对你感到失望。

三人一起活动：有利的是大家都高兴——应该没有不利的后果。

自己作出抉择 对所面临选择的问题，心中要设定一个合理的选择期限，期限可以根据问题的难易程度而定，从一个小时到一个星期不等。然后在期限内从所列出的多种选择中挑选一项。

有时就算你能作出最佳选择，未必能取得你期望的结果。这就是吸取教训的机会。

假如你要在继续学习钢琴课程还是改学声乐课程之间作出选择。你同家人及音乐老师都进行了交流并获得了他们的意见，你也在日记里写下了该怎么做，列出各种利弊，设定了作决策的期限，通过分析最后决定继续学习钢琴。但过了几个星期之后，你却开始怀疑自己的选择是否正确。

那现在怎么办？因为这一错误的选择，你对此感到极度痛苦或者对自己非常恼怒？不必，因为你总可以再作新的选择。人生充满有趣的选择，而每一次的选择都会把你带往新的方向。有时你要欣赏你的冒险历程，并注意观察你的选择到底能把自己带到哪里！

不争的事实

根据对大脑检测的数据，科学家发现，人的大脑要继续成长到二十多岁。掌控人作出决策的大脑部位是成熟最晚的区域。当你作出错误决定时，虽然这不能作为充足的理由，但让你知道面对抉择时，要冷静下来认真思考，这是有用的。你能确信自己做出了最佳选择？要细心思考一段时间。

第二节 珍惜自己

珍惜自己——把自己放在第一位——这意味着无论做什么都要对你和你的身体最有利。其中包括：

- 饮食得当、锻炼适量
- 摒弃不良习惯（像吸烟、喝酒和吸毒）
- 作出积极的选择
- 与尊重你的价值观和支持你的积极选择的朋友交往
- 努力安排好自己的时间好好学习
- 与家人和睦相处
- 满意自己的形象

如果你的朋友和同学对自己所作出的选择都不太理想的话，你要作出正确的决策也有一定的难度。假如你想吃健康食物，而你的朋友却是“快餐狂”，午餐基本吃那些垃圾食品，那你很难在一起吃饭时坚持自己的饮食习惯。还有，当你的朋友们谈论着非法毒品、吸烟、喝啤酒或者其他烈性酒时，你该怎么办？你知道这些活动是有害的，但你又不想被孤立和取笑，那该怎么做？

我们班有个男孩总是谈论吸烟，好像这是件特别值得宣扬的事情一样，但我觉得他是在引起别人的关注。

——Julie，11

作出正确的选择之后，你就知道什么最适合你，而有时确实不那么清楚，这就需要你认真考虑。

——Nina，13

人们感到疲惫或者受到来自朋友的压力时，往往忘了照顾好自己。有时你明明知道要保持健康饮食和抛弃不良行为，但你却告诉自己，跟着你的朋友或与你的同龄人去做事情会容易得多；还有的时候，别人劝说你尝试毒品，而你却懒得拒绝；甚至有时你自己特别想尝试一些以前从未做过的事情——尤其是你的朋友经常谈到这样非常“酷”。

以吸烟为例，当你的朋友抽烟并要求你也一起抽时，你该怎么办？也许你看过广告里面的吸烟者非常健康且举止优雅，你羡慕那种形象并想模仿；又或许你见到你最喜欢的电影明星吸烟，你认为抽着雪茄看起来更像你所敬佩的人。你要让步吗？一次也不行！

做你不想干的事情，屈服于同伴的负面压力，或者受媒体宣传的影响等，说明你没有把自己放在第一位。要学会如何坚定地拒绝不良行为，并保护好自己。初中时期来自同伴的压力非常强大，所以你难以做到“与众不同”。但保护好自己是指当你的朋友或同伴作出错误的选择时，你能坚决地拒绝。事实上，大部分人都尊重那些有能力支持他们和有能力作出决定的人，这些人展现了自尊。

如果你在如何才能作出有益的选择时碰到困难，就要向家人、老师或者其他信得过的长辈咨询请教。听取关心你的人的意见，能帮助你作出更加明智的抉择。

查阅

超越影响

www. abovetheinfluence. com

本网站提供关于酒精和毒品对人体伤害的事实，可通过影像和其他形式的资料来了解。

酷点

www. thecoolspot. gov

除了违禁毒品对人体的伤害情况之外，本网站还对抵制同伴压力提供建议。

第三节 有益的冒险

如何区别有益的冒险和有害的冒险？

有害的冒险是危险的，会伤害到你的身体和智力。例如，参加技巧滑板而不戴头盔和护膝，不到法定年龄就喝酒，吸用违法毒品。

相反，有益的冒险能帮助你在新的领域发展自己。例如，也许你在公众面前表演时，或者参加学校新的活动时会感到紧张，但无论如何你都得经历这些。像这些积极的冒险是指尝试某些你没有百分之百成功把握的事情——但不管怎样都要争取做，因为你相信自己能很好地把握这种机会。

不像有害的冒险（吸毒和喝酒），有益的冒险对你的身体有积极的影响。校园里有各种各样的有益的冒险活动。有些人喜欢体育活动的冒险——他们是“刺激的追求者”，这些人喜欢那些能使其肾上腺素快速升高的极速运动或者其他竞技运动。另一些人看到这类运动会吓到走开，他们喜欢不一样的挑战，如考试竞赛、戏剧表演、社区服务、报告演示或者组织班会活动等。所有这些经历，无论对身体还是智力（或两者）的挑战，都是积极的冒险活动。

如果你天生喜欢冒险，就非常容易认识新的朋友，也乐意体验最新的过山车。你的挑战心理也许能控制对某些有害冒险行为的冲动，像尝试一些你的体力和智力都无法应对的运动。

然而，如果你想避免所有的冒险活动，那你只能想办法逃离你现在舒适的地方，到别的世界寻找机会了。例如，你喜爱唱歌，洗澡时唱，在你的房间同几个好友一起唱，但就是不敢在大众场合唱。如果忘了歌词咋办？如果唱跑调了怎么办？如果……？这些"如果"会阻碍你参与任何有益的冒险活动，这些活动不仅能帮助你成长，而且能给你的生活增添光彩。

在初中期间，你也有机会参与班干部的竞选、领导班级的学习项目、参加学校的运动队或开始做自己喜欢的事情——所有这些都是有益的冒险。但是，如果你依然把注意力集中在消极的"如果，万一"上，你可能什么样的活动都无法参加。不要总是想着最糟糕结果的发生，要想着争取最佳的结果。更多关注积极的"如果"：如果我成功了，下一步该做什么？争取到这个机会我感觉良好，那该怎么样做？我建立起自信和自尊后那会怎么样？这些都能激励你不断尝试新的东西。

乐意承担风险去尝试，虽然失败了，总比那些不愿冒险尝试自己想做的事的人强得多，毕竟，你还有机会再来！失败了，你可以分析什么地方出错，然后想办法修改。而现在你起码已"实践一轮"了，你会更加清楚下一回该怎样做。

当你鼓动自己去冒险，你就能更好了解自己、清楚自己擅长哪些方面，同时赢得家人和朋友的尊敬，因为他们曾为你的冒险尝试提过建议和支持。

找时间培养爱好

业余爱好是有益的冒险，是去尝试新东西时的最佳方式。你可以与朋友或家人一起分享自己的爱好，也可以独自一人去享受。你可以选择各种各样的爱好——从普通的球类运动或收集东西，到极不寻常地养蜜蜂。现在人们的生活日新月异，爱好可以成为逃避快节奏生活的悠闲方式。当生活开始富有时，爱好能增添无限乐趣。

爱好具有活力，有助于人的智力和体力的发展，并且又是非常有益的冒险活动，让你有机会超越在校所学去探索人生。你现在养成的爱好可能会陪伴你一生，就像一位熟知的朋友，总在你的身边并充满情趣。有些爱好可能会发展成为职业。如果你还没有特别的爱好或者想培养新的爱好，完成下面的小测试，你的答案会揭示出你都还未发现的自己的兴趣。

尝试　　**爱好小测试**

提示：对下面的问题选择 A 或者 B，把选择的答案写在电脑或纸张上。

1. 你更喜欢待在？

A. 室内　　　　B. 户外

2. 你更加喜欢？

A. 打败对方　　　　B. 运动过程

3. 你更喜欢以哪一种方式度过自己的空闲时间？

A. 独自一人　　　　B. 与其他人

4. 假期你更喜欢做什么？

A. 到别的城市旅游，参观博物馆，看展览和戏剧

B. 到国家公园远足，露营

5. 你喜欢怎样联系朋友？

A. 发信息　　B. 亲自制作留言条

6. 上课感到枯燥时怎么办？

A. 合上课本乱涂鸦　　B. 梦游走出教室

7. 哪个更像你的风格？

A. 邋遢　　B. 洁净

8. 排长队等待时你做什么？

A. 拿出所带的书阅读　　B. 脑海里呈现得分的情景

9. 放学后你喜欢做什么？

A. 打球或其他体育活动　　B. 找杂志看

10. 家里有东西打破了你咋办？

A. 自己想办法修理好　　B. 指导家人修理

检查你的选择结果，你所选择的答案主要涉及户外活动或体力活动？你的选择是否表明你喜欢亲自动手？你喜欢智力方面的挑战？你天生喜欢争强好胜？你的选择是否揭示你喜欢和别人在一起？还是喜欢独自进行自己的活动，你是否重新认识了自己？

下面是一系列不同类型的爱好，尽量了解与你的兴趣相一致的。

创意表现　水墨画、油画、壁画、雕刻、绘画、摄影、创意写作、出版书籍、珠宝设计、诗歌、戏剧、音乐、唱歌、针绣花边、木材工艺、新闻记录。

体育活动　足球、曲棍球、垒球、篮球、橄榄球、排球、网球、骑自行车、跑步、跳舞、拉拉队、体操、赛马、空手道、滑冰、短道滑冰、滑雪……

收藏　邮票、硬币、玩偶、石头、贝壳、盆景、交易券、汽车、动画、动物图片、锁匙扣、书籍、火车模型和飞机模型。

自然探索　远足、越野识图比赛、观察飞鸟、栽培园艺、水下探索、照顾动物、露营、天文观察、摄影。

智力开发　阅读、计算机技术、建造模型、外语学习、天文知识、填词游戏、小故事、象棋、历史故事、电子游戏、棋盘游戏。

当地艺术　陶瓷、工艺、剪裁、针线艺术、缝制、刺绣、编织、烹饪、剪纸、编篮、烘烤技巧。

注意，有些爱好可以属于多种范畴。例如，骑马既属探索自然又属与别人竞技；因为要研究不同样本的来源地，收藏石头也涉及户外远足，又要想办法把各种各类的石头排列得有意义，所以也属于有创意的智力开发。爱好可以是独特的，但随着不同人的参与而产生变化。

志愿服务以提高自我

另一种促进自己向新方面发展的好办法就是参加志愿者服务。自愿花自己的时间和精力服务他人，在为社会作出贡献的同时，也提高了自身的能力。

为做有益的事情努力，你在社区会很活跃。可以通过青年协会参与志愿工作。有的学校还要求学生每学期必须为社区服务几个小时。如果你还没有参加过任何社区服务的项目，你可能会觉得自己的生活学习太忙碌了，实在无法再增加其他的活动。在还未决定参加志愿者服务之前，可以先考虑花一点时间帮助他人的益处。

志愿服务能使你有机会得到回报——把公园清洁干净、把四周乱七八糟的墙壁绘上精彩的壁画、在社区空旷闲置的地方种一些花草等，都能使你的居住的环境变得更加优美。志愿服务还能让你有机会与更多人交流联系——养老院里的老人、避难所里的大人或小孩和一些新搬到你们社区的邻居。更重要的是，参加社区志愿服务还能有机会让人们听到你的声音——写信向志愿社团提议你认为有益的事业、加入同你的理念和价值观相一致的社团。

查阅

做善事

www. dosomething. com

本组织联系志愿者并提供志愿服务的机会，网站还让人们了解各个社区的情况。

政府服务网

www. serve. gov

网站提供服务理念、完成某一项目所需的工具，并提供平台让志愿者分享志愿经验和交流思想。

第四节　充分利用时间

你要完成自己的所有事情，但每天最多只有 24 小时，而睡觉还要占去部分时间。长大就意味着有更多的事情要做，更少的时间浪费！你要完成作业、参加活动、承担家务，还要应对朋友等。时间似乎一小时一小时飞快地过去，而你还有很多事情要做，你总是觉得时间不够。

掌握如何分配时间需要经过一定的训练，而这种训练是值得的。通常，人们没有在意在不那么重要的事情上花了多少时间。往往是所谓重要的或有趣的活动占用了大量时间，像看电视、发信息、打电子游戏和上网——有的花几个小时，这类活动浪费了很多时间。

当然，这并不意味着要你清醒时将每时每刻都用来读书学习！有时你也需要时间放松自己：可以幻想、胡乱涂鸦、在自己的房间闲坐，或者躺在地上仰视天空看着白云缓缓漂移。这些活动都能给你的大脑和身体休息的机会，并为你今后的活动积累能量。

尝试 **追踪你的时间**

要判断自己是否充分利用时间，对你一个星期的时间安排进行记录追踪，看每次活动要花多长时间（重点关注上学前和放学后）。记录下各种活动所花的时间，包括体育活动、音乐或俱乐部及与家人和朋友在一起的时间。也要注明你独自一人时做了什么。

一个星期后再检查你的记录，对你喜欢的活动贴上笑脸，不喜欢的贴上哭脸，对那些你必须参加的活动画钩，对不必要的或可以缩短时间的活动打叉，然后对那些你希望延长时间的活动贴上五星。

现在就可以查看你对自己活动的评价，你可以减掉不喜欢的活动或减少这类活动的时间。

也许你的记录里面有许多五星？果真如此，你能抽出更多的时间给这些你所热爱的活动吗？这可能意味着你要承担很多责任而没有时间同朋友一起，也没有多少时间留给自己。是否可以放弃某一活动而把时间用来做别的事情？拿着你的记录表向朋友或其他长辈请教。

要充分利用时间，你还可以自己建立一份每天或每周必做事情的备忘录。这能帮助你记住每天需要完成的事情。先列出你所有的任务和责任，然后按照重要程度排列，排在前面的属于你必须优先完成的。那些优先考虑的任务是否花很长时间？如果需要，把这类任务分解成系列小任务，再按重要程度排序。对已完成的工作打钩，如果你认为必要，还可以对未完成的任务重新列表。

很多人把必做事情的备忘录与日历或信息表一起使用。这些在网上都能找到的方法，能让你对自己的每一天、一周甚至一个月的学习活动情况一目了然。当然你还可以保存约会的记录、所计划的事情和其他重要活动。你很快就发现这种记录时间的方法能让你更有效地安排时间，并能把有限的时间集中到有意义的活动上。

设定目标，戒除拖延的恶习

如果有些任务没有按时完成怎么办？可能你会把它们推到日历的新一天，或者把它们换到必做事情的新表格上，这些都被称为拖延。拖延是指不断地推迟再推迟你必须要做的事情，直到最后时刻还未能完成。由于期限马上就到，而你的任务还没有任何进展，这时候你感到的压力更大，结果会急得团团转，感到悲观和沮丧，任务肯定完成不好。

很多人都有拖延的习惯，包括成年人。几乎没有人乐意去做那些既乏味又困难的事情，一直逃避所要做的任务等到最后期限逼近时才开始做，可时间所剩无几，大型任务根本无法完成。另外有些人拖延的原因是他们对自己要求完美，他们太想做到“最好”和达到“完美”，以致受到这种压力的影响而无法开始。

目标设定本身就是一种能力，这能帮助你戒除拖延的恶习。关键要设定切合实际的目标，只有这样你才有可能达到。例如，你可以设定使自己的身体变得更加健康的目标，或者存下更多的零用钱，或者结交一些新朋友，或者按时完成学习项目。

尝试　**目标设定**

目标设定并不是太难掌握的技能，但需要练习实践。如何开始？

首先，判断目标是否对你有意义。目标分长期目标和短期目标，长期目标指你要将来才实现的——例如，从现在起 6 个月到 1 年；短期目标指在近期达到的——一般指几天或几周之内。先考虑长期的目标，你真正要什么？例如，成绩报告单上的课程全部获得高分，这是非常值得努力的长期目标，且这一目标需要一定的时间才能达到。

其次，就要考虑一些既可以帮助你达到大目标，又容易完成的短期目标。例如，你要在下一轮的数学考试中取得好成绩，或者设定目标要求自己这个星期的文科作业一定按时交。要列出完成这些短期目标的具体步骤。每个目标什么时候开始？设定好完成的日期，用电脑或笔记本记录各个目标进展的情况，以便追踪你的进行过程。把长期目标和短期目标的完成期限也列在一起，以便对照跟踪。在追踪目标进展的记录上，可以写下保证朝着目标的方向的观点、潜在问题（及解决方法）和那些能帮助你达到目标的人。

目标设定单

长期目标：
目标期限：

三个短期目标帮我达到长期目标：
短期目标 1：
目标期限：

短期目标 2：
目标期限：

短期目标 3：
目标期限：

保证朝着目标方向的观点：

潜在问题：

如何解决这些问题：

能帮助我的人：

目标是为你设定的。如果设定的目标不是你所相信的，也不是你所需要的，那就是浪费你的时间和精力（比如，一个对你的父亲或母亲很重要的目标，对你未必有任何意义）。当你设定了自己的长期和短期目标之后，就要问自己为什么看重这些成就，这些对你是否真的有意义？这些能否使你满意自己的形象和成就？如果能够，马上朝着目标前进。

第五节　保管好你的钱

你可以运用决策选择的方法来管理你的钱财。你已经开始赚钱或从父母那里获得奖金？如果这样，对于钱财来说，你属于哪一类，花钱如水、守财奴或者两者兼而有之？有些人对钱总是难以控制，几乎一到手就花完；而有的人却知道如何攒钱和如何使钱变得更多；大部分人处于中间，虽然他们知道把钱花在最需要的方面并为将来存一点，但他们对整个预算根本没有什么概念。

很多青少年的理财经验来源于家庭习惯，而每个家庭对钱财都有不同的方法和不同的规定。例如，不同的父母对奖金的处理方式截然不同，有的家庭，奖金是根据你所做的家务的件数而定；但有些家庭，奖金是父母随意给予的奖励；还有一些家庭，奖金是固定的，超量完成家务再另外增加奖金；也有一些家庭不给小孩任何奖金，或者不赞同奖金的做法。

如果你已能够赚取奖金，那肯定希望获得比现在的还要多些。你是否觉得应该给你提高奖金？那你可以同父母谈谈你的费用。你是否需要更多的钱以满足学习用品、衣服和其他爱好的费用？

要想好如何与父母讨论这一话题，千万不要选择他们生气和心情不好的时候，也不要在家庭经济相对拮据的时候。要选择恰当的时机，谈话后尽快切入主题并拿出充分的理由提出增加奖金。你是否做了更多的家务？是否增添了更多的个人用品（衣服、洗发水、笔记本）？手机需要付费？想存点钱买一个大件用品？让父母也有机会提出他们的意见。父母有一大堆的理由拒绝提高你的奖金或者一分钱也不给，如果这样，你就要考虑通过别的方式自己赚取。

你还年轻，当然不能在外面的公司就业，但这并不意味着你就找不到别的工作。例如，你的家庭有自己的企业，那你就可以参与进来，额外赚点钱。还有，你的家人可能知道哪些人愿意出钱让人打理家务，如清扫地板、剪草坪、清洁房屋、遛狗、照看小孩、整理花园或铲平积雪。很多地区都有专门为青少年提供的兼职工作岗位，像照看小孩、少年保镖或其他岗位。要找机会联系学校或社区的代理机构。

如果你有一技之长，那就容易赚到现金。例如，成年人需要电脑操作的帮手，若你的技术熟练，这就是很好的经济来源。你是否善于网页设计？你能准确判断电脑的故障吗？你会使用扳手和其他工具吗？如果行，可以创建公司专门组装家具和其他还未装好的产品。善于针线活吗？可以提供缝制衣服的花边或缝补衣服。有手工艺的技能吗？可以创建公司销售珠宝、画框、剪纸、运动衣、明信片或其他商品。

作为一次性筹款，你也可以举行旧货拍卖。首先拍卖不再需要的东西，然后在家人的同意下清理车库和衣柜，把不需要的用品卖掉。如果你想通过网络出售这些用品，可以找一位成年人帮忙。你也可以邀请其他朋友带他们的用品来一起出售。还有其他点子，像举行热卖，外加创意的才艺表演；如果你知道其他很多人非常想参与这一拍卖活动，你还可以实行收费入场（这要与别人分享收益）；等等。要保证张贴足够多的广告标语来宣传你的拍卖会，结束后记得把它们撕下。

你可以把钱放进藏在床底下的袜子里，或者塞进抽屉里，但较为明智的方法是存进银行的账户里。你也可以把所赚的钱存进短期股票账户或定期账户，你可以到银行了解这两种账户。所有这些存款方式都能得到利息，或者说银行因为使用你所存入的资金而给你一定的数额的钱。另一种方式是把钱放进股票市场，这意味着你拥有某一公司的一小小部分的股份。你也可以调查一些互惠的基金组织，这些基金组织能让你把小额的资金投资到多个公司。最重要的是要先和家人探讨这些不同的选择之后再采取行动。

尝试　**做预算**

预算能帮助你更好地记录你如何花钱和省钱的。当你做预算时，记录你的收入、费用（所花的钱）、结余（减去费用所剩下的钱）。可以用电脑或纸张记录每月费用。可以按下面的格式建表格：

第一周	第二周	第三周	第四周	总数
收入				
固定费用				
机动费用				
结余				

收入是指你所赚的钱，费用分两类：(1) 固定费用，一般不变；(2) 机动费用，一般都变化。固定费用包括在学校的午餐费和你学习所要买的材料；机动费用包括娱乐消费像电影、杂志、网络费和给朋友买礼物的花费等。如果你要存多点钱，就要控制机动费用的开支。

查阅

《小孩用钱指南：赚钱、存钱、花钱、钱生钱、分享钱》（***The Kid's Guide to Money*：*Earning It*，*Saving It*，*Spending It*，*Growing It*，*Sharing it***）

作者　Steven Otfinoski

本书对如何找工作、如何创业及如何处置所赚到的钱提供了丰富的信息和建议。

话说钱

Moneytalks4teens. ucdavis. edu

网站对如何明智地花钱、增加存款、设立账户等提供详细信息。

第六节　为将来作好准备

很快你就要踏进高中，然后考虑上大学、服兵役和就业等。虽然

这些看起来似乎是在遥远的未来，而实际上并不遥远。当你还是小孩子时，曾认为初中是一段漫长而难熬的历程——但一转眼就要结束了！

你是否对自己的将来幻想过？这些梦想怎么样？是否包括令人兴奋的职业、浪漫的关系、到迷人的地方旅游，还拥有一群可爱的孩子和一个温馨的家？白日梦要真实吗？一点儿也不要。你可以想象自己探索火星、攀登珠穆朗玛峰。无论你幻想什么，都能从你的想象中判断你的性格，也能为你将来职业的开拓、生活方式的选择和欲望的追求提供依据。每当你尝试在一定程度上实现梦想时，就有机会判断哪一种适合你；如果不合适，你就可以开始新的更加合适的梦想。

幻想能帮助你：

- 发挥自己的想象力
- 建立自信
- 实现你可能成为飞行员、医生、教师或建筑师的愿望（任何你想做的职业！）
- 描绘你想去的任何地方和想做的任何事情
- 想象着作为配偶或父母的生活
- 为将来作好准备

你已知道，梦想只能带你这么远，而要使梦想的东西能在生活中实现，你必须采取行动。朝自己的目标前进，开发潜在职业，把握学习的机会，寻找榜样和良师，并相信自我。

榜样与良师

一个实现梦想的方法就是找到榜样和良师。榜样是一位你特别敬佩的人，而且你想模仿其生活模式。好榜样能激励你达到更高的目标并使你尽可能做到最好。良师是一位随时帮助你和给你提出建议的人，在爱好、潜在的职业、学习、志愿服务、生活上的任何方面。榜样和良师有时可能是同一个人（但不一定都是）。

我邻居有一位妇女拥有两家食品店，她对所有的顾客都非常好，我希望将来像她那样拥有自己的事业。

——Raina，12

你有生活的榜样吗？不一定要认识他或她本人。很多人把体育健将或著名英雄作为他们的榜样。可以查找那些克服了重重困难而最终成功的人作为榜样。要记住，成功并不总是意味着很富有、非常出名或权力很大，成功可以指能帮助他人、慷慨大方和勇敢向前。

如果你想和榜样直接交流，那就要找你认识的，他所创造的生活是你所追求的。你的榜样既可以是少年也可以是成年人。你的榜样可能是一位善良的家长，把全部时间奉献给社区服务；也可以是一位才华出众的、在你所感兴趣的领域取得重大成就的人。现在能想到谁可以成为你的榜样吗？如需要建议，可以找你的朋友、家长和老师了解。

如果你所选择的榜样让你感到失望怎么办？例如，你总是敬仰某一体育明星——是他激励你加入运动队并刻苦训练，而现在知道这位明星因为吸毒被捕。你有什么反应？背叛？生气？震惊？你刚刚知道，在你认为某人是不会犯错的，而他现在犯错了——还是严重错误呢。那这个人还能继续成为你的榜样吗？这要根据他或她今后的表现。

你的榜样可以承认错误、道歉和更好地改变自己的生活。果真如此，这个人更加可以成为榜样，因为能为将来作出明智的选择，并教导其他有可能同样犯错的人；也许这位明星作出糟糕的选择，借口一个接一个来为自己的行为开脱并拒绝承认自己的罪行。榜样也是普通人，像我们一样并非超人，当然也会犯错。就算你不再像过去那样敬仰他们，你还是能从他们身上学到很多东西的。从另一方面思考，你也要感到满意，至少这个人曾经在某一方面帮助过你，使你的生活变得积极。当然你可以重新寻找敬仰的榜样。

良师一般比你年长，是你生活的导师和顾问。成年人走进社会之后都会寻找一位良师，以帮助自己在事业上取得成功。你也可以寻找一位良师，指导你初中和高中的学习。良师可以是你的家庭成员、邻居、老师、教练、童子军领队、教会顾问、青年协会领导、你社区的成员或者你的师兄师姐。

研究表明，找到良师的人在人生道路上更加容易作出积极有益的选择。至少找到一位值得信赖的长辈——经历了成长和抉择的挑战——一定能帮助你保护自己和使自己具有更强的力量承受来自同伴的负面压力。因为你知道良师就在你的身边，就容易振作起来掌握自己的命运，而且更加充满自信。

查阅

美国师兄师姐协会

www. bbbs. org

该组织负责为青少年与富有责任心的成年人搭建联系平台，能帮助青少年开拓兴趣。

良师

www. mentoring. org

网站可帮助寻找本社区的良师，输入你的区域邮码，即可进入该地区的良师寻找活动。

小　结

你人生路上还有哪些挑战和机会？你知道有些事情肯定会发生

的（有些确实会），几年来，你经常改变自己的主意和方向，对此，你可能会感到意外。初中年代是充满惊奇的时期，你会发现很多事情——无论好坏——都出人意料地发生并导致你不得不调整前进的步伐和方向。无论发生什么，都可以运用本书所提到的挑战秘笈，它们一定能帮你继续前行！

我原来以为，一旦进入中学，人们就会自动地把我当成大人看待，我也会自然地知道怎么做，但实际上并非如此。并不因为你稍微长大一点就知道所有的答案。我猜想，肯定还有很多东西要学的。

——Liz，11

很开心我已不再是小孩子了。作为少年非常有趣，学会开车、赚钱，想到上大学，更加独立自主，每天我都朝着这方面发展。

——Kendra，13

我刚刚读完初中，非常想知道高中是什么样子。我知道肯定比以往拥有更多的自由，但谁会知道除此之外还会发生什么呢？我早晚都会知道的！

——Randall，14

译后记

在一开始翻译《轻松应对青春期》的时候，我总觉得书里面的内容较为普通，而且烦琐。但随着翻译工作的不断推进和深入研读，发现这些平凡的例子和简单的秘笈充满着人生的哲理和智慧。无论是在美国、欧洲还是在中国，小孩的生理和心理发展历程基本相似，所以，书中所提出应对青春期的秘笈及具体的方法策略具有很好的借鉴价值。

本书分七章，共有七个秘笈，可以帮助小学高年级学生、初中生和高中生轻松应对多变的青春期；而对广大家长及中小学教师来说，这更是一本难得的指导书。书中的内容不但提及中小学生的实际困惑，还针对他们的心理和生理特点，提出了多种可供选择的应对方法。再次通读和校对之后，我有如下的感悟：

其一，生理和心理的健康发展是学生正常发展的基础。只有生理和心理得到健康发展，中小学生才能够更好地发展才智，才能在人生的道路上克服各种困难。第一章“适应身体的变化”不仅提出了应对的策略，而且阐明了这一观点。

其二，自信是中小学生轻松应对青春期变化的保证。第二章“喜欢自己的样子”给孩子们提供了如何增强自尊心和保持积极向上的心态的具体方法和策略。

其三，掌握应对青春期困惑的方法，可以成为将来为人处世的习惯。中小学生一旦能“理解自己的情感”，明白不同情绪变化的原因，并掌握应对不同情绪变化的方法，必然能与家人保持良好的沟通，也能结交好友和维系较为稳固的友谊。

其四，青春期的宝贵在于能促进孩子的心智发展。第六章“充分利用中学的时光”，告诉了孩子们青春期是人生的必经阶段，更为重要的是告诉他们心智发展需要劳逸结合，课堂学习和课外活动缺一不可。

让我感触更深的是秘笈之外的东西，这使我产生了更多的联想。

其一，书中选录了许多中小学生的日记。这些日记一方面展现了青少年发展时期具体的烦恼、纯真的心及矛盾的思维；另一方面也能看出作者的敬业精神，像这样积极关注青少年身心健康的教师，值得我们学习。

其二，书中每一章节都有许多供读者查阅的相关书籍和网站，而我们国家青少年生理、心理健康教育的相关书籍和网站还欠缺很多。

当然，不是书中所提出的都可行。本书中许多例子在美国和欧洲可能相当普遍，但在我国，还需要仔细区别对待。例如在第五章中所提倡的初、高中生谈情说爱的方法或技巧等方面，我们还是要认真处理，正确引导孩子们。现在学生早恋的情况数见不鲜，相信我们能提出更好的应对办法。

受能力所限，本书的翻译难免存在不足之处，还望各位读者指正。

本书的翻译能够顺利完成，有赖于胡庆芳博士、程可拉博士的指导帮助和编辑的认真修改，在此深表感谢。

王琼常

2015 年 1 月于湛江

图书在版编目（CIP）数据

轻松应对青春期/（美）莫萨特恰，昂格尔著；王琼常译．—北京：中国人民大学出版社，2014.12
（陪孩子成长系列丛书）
ISBN 978-7-300-20320-1

Ⅰ.①轻… Ⅱ.①莫… ②昂… ③王… Ⅲ.①青春期-健康教育-青少年读物 Ⅳ.①G479-49

中国版本图书馆 CIP 数据核字（2014）第 276458 号

陪孩子成长系列丛书
轻松应对青春期
［美］哈丽雅特·S·莫萨特恰（Harriet S. Mosatche）
　　　卡伦·昂格尔（Karen Unger）　著
王琼常　译
胡庆芳　校
Qingsong Yingdui Qingchunqi

出版发行	中国人民大学出版社		
社　　址	北京中关村大街 31 号	**邮政编码**	100080
电　　话	010－62511242（总编室）		010－62511770（质管部）
	010－82501766（邮购部）		010－62514148（门市部）
	010－62515195（发行公司）		010－62515275（盗版举报）
网　　址	http://www.crup.com.cn		
	http://www.ttrnet.com（人大教研网）		
经　　销	新华书店		
印　　刷	北京鑫丰华彩印有限公司		
规　　格	170 mm×210 mm　16 开本	**版　　次**	2015 年 3 月第 1 版
印　　张	11 插页 1	**印　　次**	2015 年 3 月第 1 次印刷
字　　数	125 000	**定　　价**	28.00 元

Too Old for This, Too Young for That!: Your Survival Guide for the Middle School Years (updated 2nd Edition) by Harriet S. Mosatche, PH. D., and Karen Unger, M. A.

This edition arranged with FREE SPIRIT PUBLISHING INC., Minneapolis, Minnesota, USA, http://www.freespirit.com through Big Apple Agency, Inc., Labuan, Malaysia.